The Structures
of China's Offshore
Service Outsourcing

U0621783

中国离岸服务
外包结构研究

裘 莹 / 著

中国财经出版传媒集团

经济科学出版社
Economic Science Press

图书在版编目（CIP）数据

中国离岸服务外包结构研究/裴莹著．—北京：
经济科学出版社，2017.12
ISBN 978 - 7 - 5141 - 8713 - 7

Ⅰ.①中…　Ⅱ.①裴…　Ⅲ.①服务业 - 对外承包 - 产
业结构 - 研究 - 中国　Ⅳ.①F726.9

中国版本图书馆 CIP 数据核字（2017）第 289334 号

责任编辑：刘明晖　李　军
责任校对：靳玉环
责任印制：王世伟

中国离岸服务外包结构研究

裴　莹　著

经济科学出版社出版、发行　新华书店经销

社址：北京市海淀区阜成路甲 28 号　邮编：100142

总编部电话：010 - 88191217　发行部电话：010 - 88191522

网址：www. esp. com. cn

电子邮箱：esp@ esp. com. cn

天猫网店：经济科学出版社旗舰店

网址：http://jjkxcbs. tmall. com

北京中科印刷有限公司印装

710×1000　16 开　12.25 印张　190000 字

2017 年 12 月第 1 版　2017 年 12 月第 1 次印刷

ISBN 978 - 7 - 5141 - 8713 - 7　定价：40.00 元

（图书出现印装问题，本社负责调换。电话：010 - 88191510）

（版权所有　侵权必究　举报电话：010 - 88191586

电子邮箱：dbts@esp. com. cn）

前　言

　　在经济全球化的大趋势下，离岸服务外包是国际产业分工发展到新阶段而出现的新兴产业之一，在新一轮世界产业结构调整的浪潮中，已经成为发展中国家积极参与全球价值链整合，承接发达国家产业转移的重要产业。尤其是拉美、亚太地区等新兴市场国家，日益成为全球离岸服务外包发展的新动力，特别是亚太地区已经成为全球服务外包的主要目的地。近年来，中国离岸服务外包经历了突飞猛进的发展，尤其在2008年金融危机之后，在世界整体经济并不看好的情况下，连续四年年均增长率超过60%，自2011年起跃居全球离岸服务外包第二大承接国，离岸服务外包已经成为中国经济增长的新亮点。但是离岸服务外包的高速发展也暴露出一些问题。比如，中国离岸服务外包长期处于全球价值链低端造成的利润率低下、企业运营及管理成本上升以及粗放的发展方式无法满足客户高端需求等因素，成为制约中国离岸服务外包顺利转型与升级的"瓶颈"。

　　本书站在结构的视角，综合利用国际贸易学、区域经济学、产业经济学等相关学科的理论与方法，通过对2006年以来中国离岸服务外包结构进行静态和动态分析，发掘中国离岸服务外包的变化趋势，找出中国离岸服务外包结构变化的驱动因素、未来发展趋势以及离岸服务外包结构与中国经济发展之间的关系，提出优化中国离岸服务外包结构的对策建议。本书内容主要包括以下几个部分：

第一章为绪论。本章主要包括本书研究背景、亟待解决的问题、研究意义、研究内容与方法、研究目标、主要创新与不足之处等内容。

第二章为相关理论探讨与相关文献研究。本章主要包括对离岸服务外包发展相关的国际贸易学理论、区域经济学理论、结构经济学理论和产业组织理论等进行简要回顾，并且对近期相关国内外文献进行整理和综述。

第三章为中国离岸服务外包业务结构研究。本章通过对中国传统离岸服务外包所面临的转型与升级的内外部双重压力进行分析，发现在云计算等新兴技术的推动下，离岸服务外包正向着离岸云外包等全新方向迈进。相比传统离岸服务外包，离岸云外包具有提高价值链技术租金和大幅度降低产业运营及服务成本的两大优势。本章通过系统阐述离岸云外包内涵、优势及升级路径，提出建立在全球价值链理论基础上的离岸云外包升级模式，同时提出离岸云外包两大发展方向。并建立实证模型，分析离岸服务外包企业开展云外包业务对企业市场绩效的积极影响。

第四章为中国离岸服务外包区域结构研究。本章引入区域创新系统理论，采用各省离岸ITO面板数据，分析中国各省域内企业、高校和政府等技术创新主体的要素投入及其相互合作对当地离岸服务外包发展的影响，并且发现离岸ITO发展受到了区位因素的显著影响。对于各创新主体的要素来说，企业与高校的技术创新资本投入没有显著影响，而人力投入的影响显著且贡献度很高。同时，区域创新系统的运行效率对离岸ITO发展有滞后的正面影响。

　　第五章为中国离岸服务外包政策结构研究。本章引入三元悖论模型，分别采用全球 46 个国家和 14 个新兴市场国家的面板数据，分析一国货币政策、外汇政策和对外开放政策对离岸服务外包发展的影响。并通过研究发现，发达国家实行浮动汇率制和金融市场开放对离岸服务外包促进作用显著且贡献度高。而对于新兴市场国家来说，浮动汇率制同时增加了离岸服务外包收入和收入波动性。同时，金融市场开放对这些国家离岸服务外包没有积极影响甚至有负面影响。亚洲新兴市场国家的独立货币政策能有效促进离岸服务外包发展。最后得出对中国经济政策选择的启示。

　　第六章为本书主要结论与政策建议，对本书的主要研究内容和论点进行了总结和概括，并提出相应的政策建议。

2017 年 11 月 28 日

目 录

第一章

绪　论

第一节　问题的提出

一、全球离岸服务外包发展与结构现状

在经济全球化的大趋势下，离岸服务外包（Offshore Service Outsourcing）是国际产业分工发展到新阶段而出现的新兴产业之一，在新一轮世界产业结构调整的浪潮中，已经成为发展中国家积极参与全球价值链整合，承接发达国家产业转移的重要产业。根据《2013 年全球服务外包发展报告》数据显示，2012 年全球服务外包总合同金额达到9910 亿美元，按地域来看，欧洲、中东及非洲的服务外包总额为 4860亿美元，美洲服务外包总额为 3750 亿美元，与 2011 年数额基本持平。而亚太地区总合同金额比 2011 年增长了 31%，达到 1300 亿美元，呈现出快速增长趋势[1]。虽然从绝对数额上说，全球离岸服务外包仍然以美、日、欧占据主导地位，并且垄断产业链高端的业务，但其"中心—外围"的格局边界日益模糊，发展中国家在承接离岸服务外包上的重要性凸显。尤其是拉美、亚太地区等新兴市场国家（Emerging Market Economies，EMES），日益成为全球服务外包发展的新动力，特别是亚太地区已经成为全球服务外包的主要目的地。

直到 2010 年，传统的信息技术外包（ITO）业务仍占主导地位。当年全球 ITO 业务合同总额为 624 亿美元，同比下降 3.7%，约占全球服务

外包市场份额的 60%；同时，商务流程外包（BPO）和知识流程外包（KPO）业务快速发展，2010 年，全球 BPO 市场规模达到 237.84 亿美元，而 2011 年第一季度全球 BPO 业务就达 66 亿美元，同比增长 111%；2010 年 KPO 的合同总额为 178.16 亿美元，占全球市场的 17.13%，但在新兴产业发展浪潮的带动下，已逐渐成为全球服务外包行业新的推动力[1]。

截至 2012 年，全球服务外包离岸业务市场规模约为 1217 亿美元，印度占全球软件外包市场的份额高达 58%，是世界上最大的外包服务接包国。如图 1.1 所示，在 Tholons 公司的《2014 年全球最佳服务外包承接地报告》中，印度以 13 个城市上榜的绝对优势保持领先，班加罗尔蝉联最佳外包城市第一位。除了印度之外，其他众多新兴市场国家均表现抢眼[2]。截至 2011 年，菲律宾的呼叫中心业务已经超过印度，从业人员达 40 万人，而该国整个 BPO 业务规模达到 109 亿美元。在 2014 年 Top100 全球最佳接包城市中，菲律宾的 7 个城市均榜上有名，仅次于中国。其中马尼拉更是超过孟买排名第二，显示了强劲的发展潜力。与菲律宾着重发展呼叫中心等 BPO 业务不同，俄罗斯的离岸服务外包发展以 ITO 为主，2012 年俄罗斯的软件服务和出口数额达到了 47 亿美元。除此之外，以巴西、哥伦比亚和阿根廷等国为主的拉美新兴市场国家以及南非、埃及等非洲国家的服务外包也发展迅速，出现了越来越多具有全球吸引力的接包城市。

二、中国离岸服务外包发展与结构现状

（一）中国离岸服务外包发展与结构现状

在新兴市场国家中，中国离岸服务外包的发展成果无疑是最为显著的。中国服务外包的兴起源于 2006 年商务部发布并大力实施的"千百十工程"政策，从此服务外包一跃成为中国新兴服务业的标志性产业。《2011 年中国软件与信息服务外包发展报告》指出，截至 2010 年，中国经济运行逐步摆脱国际金融危机的负面影响，开始进入常规增长轨道，全年经济增长 10.3% 左右[3]。经济高速增长以及经济发展方式进一步转变，奠定了外包产业发展的基础，2010 年中国服务外包整体规模的增长速度超过了 35%，延续了自 2008 年以来的高增长势头。近期

商务部发布的《中国服务外包发展报告 2012》（以下简称《2012 发展报告》）显示，2011 年，中国服务外包企业承接合同执行金额同比增长63.6%，其中，离岸服务外包执行金额高达 238.3 亿美元，在全球离岸服务外包市场中占比达到 23%，服务外包成为经济增长的新亮点，而同年中国已成为仅次于印度的全球第二大离岸服务外包承接国[4]。

2012 年，服务外包继续保持快速增长的势头。据商务部服贸司统计，2012 年中国共签订服务外包合同 144636 份，合同金额 612.8 亿美元，同比增长 37%，执行金额 465.7 亿美元，同比增长 43.8%[5]。其中，承接离岸服务外包合同金额 438.5 亿美元，同比增长 34.4%，执行金额 336.4 亿美元，同比增长 41.1%。2012 年，中国离岸服务外包执行金额占全球离岸服务外包市场份额达 27.6%，排名世界第二，在世界整体经济并不看好的情况下，连续四年年均增长率超过 60%，处于规模快速扩张阶段（吕鸿和宦翔，2013）[6]。根据图 1.1 显示，中国的上海、北京、深圳等 8 个城市被评为 2014 年最佳接包地，数量为全球第二，仅次于印度。但是从吸引力来看，中国第一大服务外包城市上海仅排在 11 位，而前十位的城市有 8 个来自印度和菲律宾，说明中国 21个服务外包示范城市数量虽多，但与印度相比在软硬实力上仍有一定差距，综合竞争力仍有待提高。

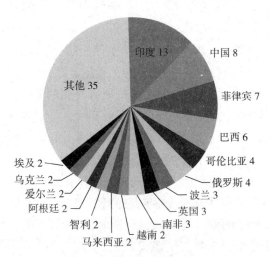

图 1.1　2014 年 Tholons 最佳服务外包承接地 Top100

资料来源：《2014 年全球最佳服务外包承接地 Top100 报告》。

根据《2012 发展报告》预计，2015 年中国服务外包规模将达 900 亿美元，年均增长率将保持在 40% 左右，所占全球离岸服务外包市场的份额将接近 50%[4]。在过去近 40 年改革开放过程中，中国制造业已占世界制造业总产值的 8%～10%，"中国制造"的品牌享誉世界。截至 2014 年 3 月，中国服务业产值比重已经超过制造业。而在发达国家，服务业一般占 GDP 的 65%～70%。在持续加快的全球经济化大趋势下，发达国家的服务业全球转移必将再一次催生中国服务的崛起。因此，离岸服务外包的市场潜力显然是不可低估的。

（二）中国离岸服务外包发展与结构特点

目前中国离岸服务外包发展呈现出以下特点：

（1）服务外包整体产业高速发展态势良好，离岸服务外包业务反弹明显。受到 2008 年世界金融危机的冲击，服务外包也受到影响。但从 2010 年起，中国服务外包受经济刺激政策作用和宏观经济好转的影响，已经重新回到高速增长轨道。随着 2010 年全球服务外包市场需求回升，中国离岸外包业务增长显著，为服务外包整体产业恢复高速发展提供了有力支撑。

（2）离岸服务外包业务结构产生新变化，新型技术模式不断涌现。其中，相比信息技术外包（ITO）、商务流程外包（BPO）和知识流程外包（KPO）比重持续增长。2007 年 BPO 和 KPO 在整个服务外包收入中的比重仅为 40.5%，2010 年这一比重已经提高到 43.6%[7]。与此同时，服务外包中的新技术、新模式不断涌现。以 SaaS、PaaS 和 IaaS 为主要方向的云计算已经在逐渐改变传统服务外包的服务提供方式和整个产业格局，中国一些大型服务外包企业已经敏锐地捕捉到了这种变化趋势并大力发展云外包业务，而大量中小型服务外包企业则缺乏转型必备的资金和技术，在产业升级中发展乏力，面临淘汰的风险。

（3）服务外包地区性差异缩小，但仍集中于示范城市。在中国服务外包发展初期，东部地区依靠良好的区位优势、大量技术性人才优势率先建立起聚集的服务外包园区，获得了产业发展的先机。随着全国范围内服务外包园区的广泛建设和基础设施的成熟，中、西部服务外包也逐渐跟上东部的步伐，涌现出西安、成都、武汉等中西部龙头示范城市，东、中、西部地区的差距逐渐缩小。尤其近年来，东部地区由于人力成本、运营管理成本上升，使得服务外包企业的利润空间不断缩小，开始出现东部城市承接业务、中西部城市执行完工的趋势，使得中国服务外包发展的地区差异进一步缩小。同时，随着 21 个服务外包示范城市的基础设施功能愈加完善、企业发展模式愈加成熟，示范城市对全国服务外包的拉动作用越来越大，并对这些城市周边地区产生辐射作用。但示范城市占有先发优势，并能享受诸多政策优惠，已经形成一定程度的企业聚集，因此，绝大多数离岸服务外包业务仍然集中在服务外包示范城市。

（4）服务外包政策扶持深度加强，更加注重不同业务和不同企业的差异性扶持计划。在"千百十工程"刚刚出台时，中国政府对服务外包的扶持是广泛而缺乏针对性的。这一状况的改变源于 2009 年 21 个示范城市的设立，自此，政府颁布了一系列针对示范城市服务外包发展的扶持政策，主要集中于财税优惠、信贷扶持、外汇管理和人才培养。到 2011 年，《进一步鼓励软件产业和集成电路产业发展的若干政策》针对服务外包的细分业务 ITO 进行了政策性完善，尤其对中小企业贷款提出由政府进行担保，大大解决了中小服务外包企业融资的困难，使得中国服务外包扶持性政策向更深层次推进[8]。

（5）服务外包企业快速成长，产业标准化和认证化逐渐加强。从 2007 年以来，服务外包企业数量突飞猛进（见图 1.2），从 2008 年的 6000 多家提高到 2016 年的 39277 家，数量上提升 5 倍多。其中，一大批在规模快速扩张的同时实力迅速增强的大型服务外包企业显示出了强劲的示范效应，带动中小外包企业快速发展。同时龙头企业快速增长，服务外包的领军企业①群已经形成（如表 1.1 所示），在全球市场低迷的 2010 年，中国服务外包企业甚至占据了全球 100 强中的 12 个席位。目前，全国已经涌现出东软集团、文思海辉②、浙大网新、博彦科技、软通动力、中软国际、华道数据、泰盈科技、京北方、西安炎兴、万国数据、广州越维等一批优秀的本土服务外包领军企业，同时在信息技术外包和商务流程外包领域取得了长足的进步。

---

① 服务外包领军企业的衡量标准是年净收入超过 1 亿美元，员工人数超过 1 万人。

② 2012 年 11 月，文思信息与海辉软件合并，组成文思海辉技术有限公司。

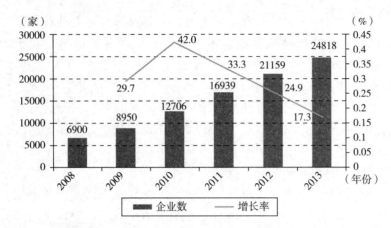

图1.2 中国服务外包企业增长趋势

资料来源：中国商务部网站，http://www.mofcom.gov.cn。

表1.1 2009~2012年全球服务外包企业100强中的中国企业

中国服务 外包企业	2009 年	2010 年	2011 年	2012 年
东软集团	50	25	27	29
文思信息	54	72	33	36
浙大网新	50	45	40	45
海辉软件	54	65	39	50
浪潮软件	29	37	34	52
瞬联科技	99	78	79	54
中软国际	61	67	70	57
博朗软件	85	87	84	77
福瑞博得	—	—	—	83
华拓数码	88	89	86	—
智联易才	—	90	90	—
博彦科技	82	88	—	—
奥博杰天	—	99	—	—

注："—"代表该企业在相应年份未在全球100强名单之列。

资料来源：《2012年中国电子信息产业统计年鉴》（软件篇）。

三、中国离岸服务外包结构方面存在的问题

但是，在中国离岸服务外包业快速增长、成绩令世界瞩目的同时，也暴露了一些问题。

（一）产业层面存在的问题

1. 中国离岸服务外包业务在全球价值链的低环嵌入

长期以来，中国服务外包企业在承接离岸服务外包业务时仅仅依靠低成本优势，很大程度上造成了接包模式的固化。因此，不可避免地出现服务外包企业在全球价值链中的低环嵌入，大量企业陷入了长期接包而只获得低附加值利益的价值链分工状态，却未能通过承包而获得创新能力的提升。中国服务外包企业过于依赖发包企业技术，业务环节仅仅局限于低附加值的软件测试、软件本地化或简单的商务流程，而被发包商垄断了价值链高端的研发技术和营销网络，因此，这些企业在接包过程中谈判能力较差，部分服务外包企业甚至只能拿到相当于收入额5%的利润。利润率过低，缺乏技术创新动力，不投资或很少投资于技术创新，经营活动中只存在少量研发投入甚至不投入，导致技术差距逐渐拉大。

2. 中国离岸服务外包面临全球市场调整

经过5年高速增长，服务外包正进入产业调整期。过去5年，中国离岸服务外包的年均增速超过60%，但截至2013年已降到40%以下。2008年世界金融危机之后，随着人民币升值、日元贬值、欧美贸易保护主义升级，世界离岸服务外包市场环境波折不断。

3. 中国离岸服务外包业务结构调整乏力，企业无法持续提升边际生产率

很多离岸服务外包企业目光不够长远，不注重劳动力素质的提升，因而无法持续有效提升边际生产率，当人力成本和商务成本上升之后，利润空间被进一步挤压，与发包企业之间的边际生产率差距则进一步拉大。目前人力资源已逐渐表现为中国服务外包发展中的"短板"（牛卫平，2012）[9]。

（二）国家战略层面存在的问题

目前经过几年的迅速发展，中国离岸服务外包已经一跃成为世界第二，但总体上看，中国离岸服务外包仍处于产业发展初期。而在印度、菲律宾、爱尔兰等很多国家，服务外包则已经成为国民经济和社会发展的重要支柱产业，产业格局、配套设施甚至人才培养体系都较为完善。

1. 中国离岸服务外包业务逐渐无法满足客户高层次需求

从离岸服务外包的价值链构成来看，最初的服务外包仅限于信息技术外包（ITO），随着产业的发展则向商务流程外包（BPO）延伸，进而出现了 BPO 的升级知识流程外包（KPO），细分业务逐步向价值链高端扩展。而在全球服务外包价值链中，中国离岸服务外包的大部分业务仍然是信息技术外包（ITO）尚处于价值链的低端。目前，发达国家的发包企业逐渐不满足于单独项目的签约交货，开始要求和中国服务外包企业建立长期的战略性合作关系，这对中国企业的创新水平及交付能力提出了更高要求。

2. 中国离岸服务外包区域格局过分集中

21 个示范城市和其中的服务外包园区承接业务额占全国总承包额的 90% 以上，比例过分集中，会导致地区发展的不平衡。同时，各个示范城市的服务外包园区建设有较严重的同质性，基础设施存在重复投资和盲目投资现象，造成示范城市与园区之间相互竞争，不利于离岸服务外包的区域结构优化。

3. 中国政府关于离岸服务外包的政策尚未形成体系

比如专门针对服务外包的税收政策始于 2009 年，以技术先进型服务企业有关税收政策为标志，距今只有 3 年的时间，服务外包税收政策尚存在重复征税、政策期短、在岸外包企业税收政策缺失等问题。比照服务外包承接业务发展历史比较悠久的印度和爱尔兰等国，中国服务外包欲占据全球更大的市场份额，尚需进一步探索建立创新、稳定、适应"十二五"及至 2020 年服务外包发展需求的完善的配套政策体系。

第二节　研究意义与研究方法

一、研究意义

（一）理论意义

1. 扩展比较优势理论和规模经济理论的应用范围

根据比较优势理论，一国在两种商品生产上较之另一国均处于绝对劣势，但只要处于优势的国家在两种商品生产上优势的程度不同，则处于优势的国家则在优势较大的商品生产方面具有比较优势。因此，比较优势理论给离岸服务外包的开展提供了理论基础，即发展中国家利用自身价格相对低廉的劳动力成本优势承接发达国家的服务产业转移，从而获得贸易利益。而根据规模经济理论，企业产品绝对量增加时，其单位成本下降，即扩大经营规模可以降低平均成本，从而提高利润水平。因此，服务外包的另一大动因源于规模经济效应，是斯密的专业化分工理论应用于服务产业的必然结果。因此，本书对离岸服务外包进行结构视角的研究，正是将这两大经济学原理用于分析离岸服务外包实践，拓展其在离岸服务外包实践领域的外延，以便能更好地应用经济学理论来发展离岸服务外包，实现中国产业结构调整及升级。

2. 用实证数据证明区域经济学理论

区域经济学理论主要包括聚集经济理论、区位决策理论和区域创新系统理论等。其中，区域创新系统理论与中国离岸服务外包发展的联系最为紧密，因为服务外包既是劳动力密集型产业，又是技术密集型产业，一个地区的离岸服务外包获得快速发展，与当地的大量高素质劳动力和技术创新能力密切相关。本书引入实证模型，采用面板数据对区域创新系统理论进行实证分析，并以此来判断区域创新系统中哪些要素对当地离岸服务外包的发展有关键影响。

（二）现实意义

1. 离岸服务外包发展对中国产业结构调整升级、经济发展有重大意义

詹晓宁和邢厚媛（2005）[10]认为离岸服务外包不仅能够提升承接国服务业水平，还能够大量吸收与出口导向型服务业息息相关的外国直接投资，从而给承接国带来巨大的国民经济提升和社会发展效益，其中包括改善贸易条件、增加出口收入、优化产业结构、创造就业机会、提高技术水平等。首先，改善贸易条件、增加服务贸易出口收入。中国承接离岸服务外包，2016 年实现收入 704.1 亿美元，增加了服务贸易的出口收入。而对于那些服务贸易存在逆差的发展中国家来说，大力发展离岸服务外包则可以降低贸易逆差，改善国际收支。其次，优化产业结构。中国大力发展离岸服务外包，使得服务业占 GDP 的比重持续增大。截至2014 年 3 月，中国服务业比重首次超过制造业。产业结构的提升和优化，能够减少环境污染，节省能源消耗，实现国民经济的"绿色发展"。最后，创造就业机会、提升接包企业技术水平。离岸服务外包同时属于劳动力密集型产业和技术密集型产业，因此大力发展离岸服务外包将同时提升国民就业和服务外包企业技术水平。同时，当离岸服务外包投资环境进一步完善，国外大型企业带来大量外商直接投资，能够短时间内创造大量就业机会，尤其在缓解大学生就业压力中能起到重要作用。

2. 从结构视角分析离岸服务外包发展更利于找准产业升级的关键因素

关于中国离岸服务外包的研究数量较多，但是几乎没有文献从结构视角出发来分析离岸服务外包的发展。但是，任何事物的整体发展都是由其内部各个部分的发展推动的，其内部结构的变化还会对整体的发展产生"1+1≠2"的作用。当内部结构各个组成部分运行良好、相互产生促进作用时，就会产生"1+1>2"的合力；反之，则产生斥力。因此，我们发现，中国离岸服务外包作为一个整体来说，发展势头迅猛、2008 年以来年均增长率超过 35%。但是，分析其业务结构发现，大量企业尚处于产业价值链低端、承受人力成本上升、技术提升乏力、利润空间进一步压缩的窘境。而从区域结构出发，全国离岸服务外包过度集

中于 21 个示范城市，东部地区承受着运营成本上升的巨大压力，而中西部地区却仍面临着服务外包园区同质化、发展定位不明确的迷惑。从政策结构方面看，财税优惠、人才培养等政策体系较为完备，甚至出现重复政策现象，但与离岸服务外包密切相关的货币政策、外汇政策和对外开放政策却迟迟未能成型。因此，本书致力于从中国离岸服务外包的内部结构出发，分析各结构组成部分的异质性，从而提出针对性的发展策略和升级方向。

二、研究方法

本书在对中国离岸服务外包结构问题的研究过程中，综合利用了国际贸易理论、区域经济学、结构经济学等相关学科的理论与方法，通过定量分析与定性分析相结合的方法，对中国离岸服务外包业务结构、区域结构和政策结构的现状、变化趋势、驱动因素等进行分析，借此分析服务外包结构变化在推动中国国际贸易结构战略转型中的作用。本书主要采用的定量分析法有混合最小二乘法（Pooled OLS）、固定效应模型（Fixed Effects Model）、因子分析法（Factor Analysis Method）等。

第三节 研究目标、研究框架以及创新与不足之处

一、研究目标与研究框架

（一）研究目标

（1）从业务结构角度分析中国离岸服务外包的发展现状、技术发展趋势以及产业升级路径。

（2）从区域结构角度分析中国离岸服务外包的区域发展现状、区域差异的表现，并找出本地离岸服务外包发展的关键驱动因素。

（3）从政策结构角度分析中国离岸服务外包的政策扶持程度、相关政策的有效性和中国完善离岸服务外包政策的方向。

（二）研究框架

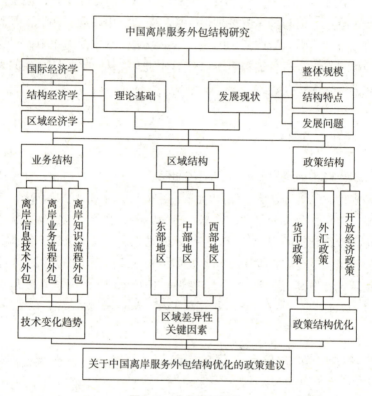

图1.3　本书框架结构

二、研究的创新与不足之处

（一）创新之处

（1）本书提出云外包作为离岸服务外包发展的最新技术方向，并且首次采用面板数据对云外包业务进行实证分析，考察服务外包企业开展不同层次的云外包业务对企业市场绩效所产生的影响。

（2）本书将区域创新系统引入各地区离岸服务外包创新潜力分析，将离岸服务外包创新驱动因素归为参与创新的各个主体，并找到提升本地离岸服务外包技术创新性的关键因素。

（3）本书用三元悖论模型对中国离岸服务外包政策进行量化模拟，采用实证分析方法证明各个相关政策的有效性，并提出政策结构优化建议。

（二）不足之处

（1）区域结构实证数据缺失。分析中国离岸服务外包区域结构最理想的数据是 21 个示范城市的离岸服务外包执行金额，但截至本书出版日，国家尚未有统一的服务外包统计标准和官方数据，因此，只能在《电子信息产业统计年鉴》中找到各省离岸信息技术外包（离岸 ITO）的年度数据作为替代，这一遗憾只能留待数据体系完善之后再进行弥补。

（2）无法获得产业层面的云外包数据。云外包的概念于 2011 年提出，2013 年左右才开始在中国一些大中型服务外包企业进行研发并推广，由于概念尚未普及，因此目前尚没有产业层面的实证数据，为此本书只能求助于企业层面，从企业推广云外包业务的具体操作层面出发寻找数据，以便进行实证分析。由于云外包是服务外包技术发展的主流趋势，因此，将留待数据进一步完善之后再进行更加深入的研究。

第二章

相关理论探讨与相关文献研究

第一节 相关概念界定与辨析

离岸服务外包是服务贸易中的新兴分支产业。广义的离岸服务外包包括离岸服务外包承接业务与离岸服务外包发包业务。而对于发展中国家来说，狭义的离岸服务外包仅指离岸服务外包承接业务。本书沿用离岸服务外包的狭义定义，仅探讨中国离岸服务外包承接业务，下面皆同。本书首先从贸易结构的概念出发来界定离岸服务外包结构的概念。

一、离岸服务外包结构

"结构"一词在《辞海》中的解释是："各个组成部分的搭配和排列"，强调的是事物内部进行配合和协调的各组成要素的构成、比例关系及动态调整[11]。关于贸易结构的定义，张曙霄（2003）[12]认为对外贸易结构是指构成对外贸易活动的要素之间的比例关系及其相互联系，是一定时期内各类商品或某种商品在一国或地区对外贸易中所占的比重或地位。它包括对外贸易活动主体之间、客体之间以及主体和客体之间的比例关系，具体可分为对外贸易商品结构、对外贸易方式结构、对外贸易模式结构和对外贸易区域结构。一国或地区的对外贸易结构反映了该国或地区的比较成本优势、资源优势与规模优势。蒋庚华（2011）[13]将贸易结构分为广义的贸易结构和狭义的贸易结构，认为狭义的贸易结构仅指构成对外贸易活动的要素之间的比例关系。而广义的贸易结构不仅包括构成对外贸易活动中各要素的比例关系，还应包括"进口、出口什么"和"进口、出口多少"，即不应仅包括各部分的相对量和其所占整体的比重，还应包括各部分的绝对量，只有从广义的角度，既分析对外贸易绝对量的变化又分析相对量的变化，才能更加全面地分析贸易结构变化的原因及其对各经济部门的影响。

综合上述学者的观点，最终本书以广义的"贸易结构"为基础来定义离岸服务外包结构。离岸服务外包结构是指构成对离岸服务外包交易活动各要素的绝对数量、比例关系、相互联系和变化趋势。与对外贸易相比，离岸服务外包的发展有其鲜明的特点。综观各国的离岸服务外包发展，我们不难看出，对外贸易是源于各国要素禀赋的比较优势而自发产生的，而离岸服务外包却是直接受各国政府的扶持政策驱动，完善产业赖以发展的基础设施，着力培养相关人才，以便形成产业集聚，以个别城市的发展带动地区产业发展的模式进行推进的。因此，离岸服务外包结构的内涵必然与对外贸易结构有所分别，本书概括了对离岸服务外包产生重要影响的要素，以此为基础来对离岸服务外包结构进行界定，具体包括离岸服务外包业务结构、离岸服务外包区域结构和离岸服务外包政策结构。

二、离岸服务外包业务结构

离岸服务外包业务是指离岸服务外包接包企业承接跨国发包企业的具体服务内容。离岸服务外包业务结构是指各种服务内容在离岸服务外包总体规模中所占的比重、相互关系以及变化趋势。按照服务内容的不同，可以分为离岸信息技术外包（离岸 ITO）、离岸商务流程外包（离岸 BPO）和离岸知识流程外包（离岸 KPO）三类。因此，本书沿用这种分类方式，对离岸服务外包业务结构的研究主要是指上述三类业务各自的绝对数量，在离岸服务外包总体规模中的比重以及长期变化趋势。

三、离岸服务外包区域结构

离岸服务外包区域结构亦称离岸服务外包地区结构、地区分布或空间结构等，一般包括内部区域结构和外部区域结构。外部区域结构即国别（地区）结构，是指一定时期内中国承接各国、各地区、各国家集团的离岸服务外包规模在中国离岸服务外包总体规模中的地位，通常用承接该国或地区的离岸服务外包收入占中国离岸服务外包收入总额的比重表示。内部区域结构即国内地区结构，是指国内各地区离岸服务外包收入占全国离岸服务外包收入总额的比重，它是各地区经济发展水平、信息技术发展水平和人力资源水平的综合表现。一方面，从中国离岸服务外包的发展现状来看，离岸服务外包内部区域结构对服务外包发展的影响远比外部区域结构大得多；另一方面，中国离岸服务外包外部区域结构的经验数据极难获得。因此，本书的离岸服务外包区域结构特指离岸服务外包内部区域结构。而在下面将不再对中国离岸服务外包外部区域结构进行分析，仅将其作为一个定义提出，以便今后进一步研究之用。

四、离岸服务外包政策结构

本书在使用"政策结构"这一概念之前进行了反复、认真、深入的思考和比较。本书致力于考察离岸服务外包政策的构成与各种政策的实施情况。与"政策结构"相关的概念还有"政策体系"和"政策搭配"。其中，"政策体系"强调的是将各种政策进行组合，使之成为一个有机整体，共同对某项经济活动或某个经济组织产生影响或作用。其关注点是将所有政策作为一个整体来进行考察。而本书关注的是在中国离岸服务外包相关政策的组合即整体中，都有哪些政策参与其中，每种政策对中国离岸服务外包的发展起到了何种效用，其关注点是政策体系内的某种政策的效用。"政策搭配"强调的是各种政策的相互配合和相互影响，使之发挥某种效用。而通过对目前收集到的关于中国离岸服务外包的政策资料的分析，笔者发现中国离岸服务外包的各种政策尚处于各行其是的状态，并未出现交互配合的情况。并且与世界离岸服务外包发展先进国家相比，中国离岸服务外包政策体系尚不完善，部分单项政策的实施还不够得力。即本书的关注点是中国离岸服务外包政策的完备性与合理性。鉴于"结构"的关注点是整体内"各个组成部分的搭配和排列"，本书最终选择了"政策结构"这一概念，并按此概念进行相关问题的研究。

　　离岸服务外包政策结构是指与离岸服务外包相关的政策体系以及政策体系中每种政策的实施力度、覆盖范围和实施效果的比较。离岸服务外包的政策结构划分主要有两种方式。第一种方式是按照政策实施方法进行划分，可分为财政政策（包括税收政策和政府财政拨款）、货币政策、外汇政策和开放经济政策；第二种方式是按照政策扶持对象进行划分，可分为基础设施建设政策、人才培养政策、技术创新支持政策和知识产权保护政策等。本书主要采用第一种方式，即本书关注的是离岸服务外包政策的实施方法和措施，并且以此为基础来划分离岸服务外包政策结构。

　　基于上述三种离岸服务外包结构均是针对中国离岸服务外包发展过程中的某一个方面而定义的，因此，在对中国离岸服务外包结构问题的研究中，单纯研究任何一种离岸服务外包结构都不能全面、准确地了解中国离岸服务外包发展的现状、趋势及存在的问题，所以，必须综合分析三种结构，才能全面、准确地把握中国离岸服务外包发展的现状、趋势及存在的问题。

第二节　相关理论探讨

一、国际经济学相关理论

（一）传统贸易理论

1. 古典贸易理论

　　古典贸易理论是指由英国古典经济学家大卫·李嘉图提出的李嘉图模型。这一模型从生产角度对国际贸易模式进行了解释，认为贸易模式的决定因素是各国劳动生产率的差异，一国总是出口在劳动生产率方面具有比较优势的产品。

　　李嘉图模型的基本假设是一个国家使用单一要素（假设是劳动力）生产两种产品，规模报酬不变和完全竞争市场。在封闭经济下，厂商在生产可能性边界的约束下追求利润最大化，由生产可能性边界和等价值线共同决定最优生产模式。由于只采用一种要素，生产可能性边界为向右下方倾斜的直线，因此，当生产可能性边界斜率不等于等价值线斜率时，该国将投入全部劳动力专门生产劳动生产率高的产品，实现专业化生产，而当两条曲线斜率相等时，即两种产品相对价格等于其机会成本，该国将同时生产两种产品，实现多元化生产。

在自由贸易条件下，生产商将把本国相对价格较低（比较优势）的产品进行出口，反之进口本国相对价格较高（比较劣势）的产品，因此自由贸易均衡下的产品相对价格将介于封闭经济下两国价格之间，而相对价格是由自由贸易条件下该产品的相对供给和相对需求决定的，当自由贸易下相对价格大于等于封闭经济下两国间较低相对价格，小于等于封闭经济下两国间较高相对价格时，一国总是出口其具有比较优势的产品。

自由贸易将从两个机制分别提高一国居民福利。第一，自由贸易使得一国消费可能性曲线扩张，提升其福利水平。第二，自由贸易带来一个国家的实际工资的提高，一国把劳动力转移到生产劳动生产率相对较高的比较优势产品，用获得的名义工资从国外购买比较劣势产品，购买的数量比封闭经济下本国生产的要多，从而提升居民的福利水平。

2. 新古典贸易理论

新古典贸易理论是指瑞典经济学家赫克歇尔和俄林共同提出的赫克歇尔—俄林模型（HO 模型），这一模型同样从生产角度解释国际贸易模式，认为贸易模式的决定因素是各国资源（要素）禀赋的差异，一国总是出口在资源禀赋方面具有比较优势的产品，即在生产过程中密集使用该国充裕要素的产品。

与李嘉图模型相比，HO 模型的不同之处在于：第一，比较优势的来源不再是劳动生产率的差异，而是一国的资源禀赋差异，这一差异对国际贸易模式起着决定性作用。第二，HO 模型假设两种生产要素投入生产，并研究了自由贸易对收入分配的影响，认为贸易会对两种生产要素所有者的收入分配产生影响。

HO 模型的基本假设是两个国家使用两种生产要素来生产两种产品，规模报酬不变，完全竞争市场。等产量线的斜率决定了两种要素的相对价格之比，生产者会以生产成本最小化为目标来选择生产要素相对价格较低的生产方式。而两种产品以其要素密集度（投入要素相对数量的多少）来区分是哪一种要素密集产品，一国跟另一国相比也肯定是其中一种资源相对充裕的国家。

在此假设下得到四大定理作为 HO 模型的核心内容。首先，斯托尔珀—萨缪尔森定理认为，在一国生产多元化前提下，产品相对价格与其密集使用的要素相对价格之间存在正相关关系，因此，一种产品相对于另一种产品价格上升，将导致该产品密集度高的生产要素实际回报率上升，而另一种要素实际回报率下降。其次，罗伯津斯基定理认为，在一国生产多元化前提下，如果产品价格给定，一种要素供应量提高，将使密集使用该要素生产的产品相对产量上升，另一种产品产量下降。再次，赫克歇尔—俄林定理认为，产品贸易可以看作是要素的间接贸易，假设两个国家的消费者偏好相同，在自由贸易条件下，各国都将出口充裕性生产要素密集度高的产品，而进口充裕性生产要素密集度低的产品。最后，要素价格均等化定理认为，假设两国生产技术相同，在生产多元化条件下，自由贸易将导致两国的两种生产要素价格跨国趋同。

依据赫克歇尔—俄林模型，比较优势从而决定贸易原因的因素中，最重要的是要素禀赋（factor endowment）。如果不同工序和流程的投入要素的数量比例要求不同，那么把不同工序和流程配置到投入要素的相对价格存在显著差异的国家，有可能节省生产成本从而实现比较优势效益。离岸服务外包中的比较优势效应表现较为明显，因为在离岸服务外包的发展，人力要素起着至关重要的作用，而发展水平不同的国家，尤其是发展中国家和发达国家之间的人力要素相对价格差异较大。但是比较优势理论解释离岸服务外包发展存在一个基本局限：要素结构和价格是特定区域而不是个别企业具有排他性的属性，即使企业都按照比较优势决策，比如很多国内企业都选择了劳动密集型行业或产品，也并不能保证他们都能在市场竞争中胜出。

（二）新贸易理论

新贸易理论的奠基人是美国经济学家克鲁格曼，他提出的克鲁格曼模型与传统贸易理论相比有很大不同。第一，该理论前提修正了传统贸易理论的规模经济不变与完全竞争市场假设，变为规模经济递增和不完全竞争市场。第二，新贸易理论的解释对象是产业内贸易，即在规模经济和不完全竞争的前提下，一国将集中资源生产该行业中某几个品牌的产品，以实现规模收益、降低生产成本与产品价格，然后进口别国同一行业其他品牌的产品，增加消费者选择范围，最后提高两国消费者福利。

其中，规模经济（Economies of Scale）是经济学中的一个基本概念，是指企业产品绝对量增加时，其单位成本下降，即扩大经营规模可以降低平均成本，从而提高利润水平，即企业单位时期内平均成本与产出数量呈反向关系，但企业业务流程存在最佳规模，并非越大越好。

按照其产生的原因，规模经济可分为内部规模经济和外部规模经济，其中外部规模经济又可分为静态外部规模经济和动态外部规模经济（Lacity and Hirschheim，1993）[14]。内部规模经济产生于单个企业水平，它是由于企业生产经营达到一定规模而产生的好处。外部规模经济产生于行业或区域水平，它是由于企业所在行业的发展或者企业在一定地区范围内的聚集而产生的好处。静态规模经济来源于生产率水平，而动态规模经济来源于生产率增长率。从经济结果看，内部规模经济将导致不完全竞争，而外部规模经济将导致集聚经济（Agglomeration Economies）。

企业内部规模经济的形成主要来自技术方面。这种内部规模经济可分为静态和动态两种类型。静态内部规模经济是指当前产出量的增加，会带来企业单位成本的下降。内部规模经济的一个重要来源是大规模生产所带来的平均固定成本的下降。另外，自然规律或技术限制、多样化和专业化的收益，也是内部规模经济的重要来源，如产出的增加将导致工人更专业化的分工，促使劳动熟练程度和生产效率的提高。动态内部规模经济是指随着产出存量的不断累积，企业的单位成本逐渐减少，这也被称为学习效应。

外部规模经济，也称为集聚经济或外部性，是指在一个企业聚集区内，基础设施与劳动力市场等公共物品存在共享，相关原料和制成品的运输成本可以得到节约，同时还有知识溢出效应和技术溢出效应，使得一个企业可以通过将位置选在相关企业聚集区内而获得外部性收益。其中，静态外部规模经济是指假设一个企业自身投入不变，它的产出量或生产效率将随着同一区位内的其他企业产量或生产效率的提升而增长，在此过程中平均成本趋于下降。动态外部规模经济将提高产业的生产率增长率。也就是说，静态外部规模经济导致更高的生产率水平，而动态外部规模经济导致更高的生产率增长率。

在外部规模经济存在的条件下，国际贸易会带来生产集中与价格下降。

如果国外发包企业采取高度内置式（in house）的服务方式，将所有流程都置于企业内部展开，则只能将某些关键环节的最佳规模作为整个流程的最佳规模。但如果发包企业选择将一些非核心流程外包出去，将一体化流程拆分成多个流程为基本单元的产品内分工系统，则有可能实现各个流程的最佳规模，从而达到成本节省的目标。

（三）新新贸易理论

新贸易理论对产业内贸易存在的原因具有很高的解释力，但是由于假设所有企业都是同质的，因此参与国际贸易竞争中企业的退出和存活完全是随机性的，无法得到很好的解释，为了弥补这一缺陷，Melitz（2003）[15] 提出了麦利茨模型，也即新新贸易理论。这一模型强调了企业的异质性在国际贸易中的作用，核心思想在于国际贸易所带来市场的竞争加剧，导致生产效率低下、竞争中表现不佳的企业利润降低，可能被迫退出竞争，而生产效率较高、表现好的企业将会抓住国际贸易市场开拓所带来，销售扩大的机遇，迅速扩张，提高利润，并且实现出口，因此国际贸易成为资源在不同企业之间重新配置的原因，利润分配将从效率低的企业向效率高的企业倾斜，从而导致行业整体生产效率得到提高，而国际贸易的这一功能，则相当于该行业的一门新技术，结果是提高了行业生产效率。

新新贸易理论也逐渐应用到离岸服务外包的实证研究当中，Furusawa 等（2017）[16] 通过理论模型建立了企业层面对于离岸服务外包的选择机制，将企业离岸外包概括为三个机制，即直接效应、生产力效应和行业组合效应。其中，直接替代效应是指当受到国外成本冲击的触发时，企业将开始进口国外的外包投入来替代他们生产力低下的相同产业中的本国供应商。生产力效应是指由此导致的企业边际成本下降引起公司扩展国内外包给远距离更高生产力的供应商。行业组合效应是指新兴投入产业的外包（变得更加多样化）。

（四）全球价值链理论

离岸服务外包是处于完全内部化交易与市场交易之间的一种商业关系，双方由一种特定的合同维系着长期的合作关系（Brown and Holmes，1986）[17]。

从全球价值理论出发，生产主导型生产链的离岸服务外包可以分为三种：特定生产功能服务外包、成本节约型服务外包、互补型服务外包。其中，特定生产功能服务外包是国外发包企业将某些专业化的服务通过合同方式转移给具有特定技术实力或研发实力的独立企业；成本节约型服务外包是基于降低生产成本的考虑将某些服务过程转移给接包企业；互补型服务外包通常是为了满足暂时性的需要而进行外包的，这种情况下，接包企业实际上是作为国外发包企业的额外生产能力，经常是短时间内某一个服务操作的国际转移。

国外发包企业的离岸服务外包可以区分为直接服务外包和间接服务外包。直接的离岸服务外包指国外发包企业直接与其他国家的接包企业订立合同，转移服务过程；间接的离岸服务外包通常是国外发包企业的分公司通过合同转移服务功能给其他国家的独立接包企业或其他国外发包企业的子公司。

离岸服务外包对国外发包企业来说是非常有效的国际生产一体化方式：

①离岸服务外包可以减少国外发包企业的直接投资。②增加国外发包企业国际经营的灵活性。③通过公司之间的合同，国外发包企业可以在一定程度上控制接包企业的生产。④离岸服务外包可以将一些生产经营风险与成本外部化。接包企业，尤其是中小企业，也可以从离岸服务外包中获利：①通过国外发包企业的品牌获得国外市场。②长期的订货保证。③国外发包企业的设备技术支持等（Dicken，1998）[18]。

国外发包企业国际生产服务一体化的一种极端形式是除了价值链最核心业务之外，所有非核心业务和支持性业务均外包给世界各地的接包企业，最终整合成发包企业的品牌进行销售，即组成一个垂直分散网络组织。在这一网络中，发包企业独立控制研发或营销网络等价值链高端业务，而接包企业则承担了产品制造、产品设计等价值链低端业务。这一模式需要发包企业和接包企业建立长期信任的商业关系。

（五）产品内分工理论

产品内分工（intra-product specialization）是与在同一工厂内部完成整个工序流程的传统方式相区别的新型生产方式，其特征是企业将产品或服务生产的整体流程拆分成不同工序或环节，按照成本最低原则将其分配到不同空间或不同国家去完成。这一生产方式按照分工范围可分为两种，一种是国内产品内分工，即在国内不同空间点完成不同工序和区段生产活动。另一种则是国际产品内分工。产业生产的每道工序均存在最佳规模，并且直接影响产品内分工所带来的收益，这一收益的差异成为产品内分工利益来源的决定性因素（卢锋，2007）[19]。

产品内分工的形成与发展主要有两方面原因。一是在经济全球化趋势下，随着技术进步和科技发展，运输成本与跨境交易成本不断降低，产品内分工所产生的规模经济收益超过了分工成本，因而有了施行的可能性。二是软件业和服务业等产业的崛起。产品内分工的特点适合一些对运输成本不敏感的产业，如软件业、服务业以及离岸服务外包等产业，远程交付软件和服务的成本与在岸交付几乎相同，这些产业的大规模兴起使得产品内分工迅速普及。

（六）蒙代尔—弗莱明模型

蒙代尔—弗莱明模型是三元悖论的理论基础，该模型的阐述建立在两大假设之上：（1）一个资本完全流动的小型开放经济中，国内利率 r 等于世界利率 r^*；（2）令本国货币供应 M、国内物价水平 P 和基准国物价水平 P^* 均为固定不变的外生变量，则名义汇率 i 可由实际汇率 e 代替。在此假设下的蒙代尔—弗莱明模型代表一国产品市场及货币市场同时达到短期均衡状态。本书采用加入 BP 曲线的 IS-LM 模型和 IS^*-LM^* 模型作比较静态分析，来探讨固定汇率制下货币政策失灵的传导过程。

如图 2.1 和图 2.2 所示，假设 IS-LM 模型的初始均衡点为 A，IS^*-LM^* 模型的初始均衡点为 B，均衡利率为 r^*，固定汇率为 ē。央行欲采用宽松货币政策刺激经济增长，于是在公开市场买入债券来增加货币供应量 M，使 LM 曲线和 LM^* 曲线同时右移，分别到达新均衡点 C 和 D。由此，IS-LM 模型中的利率 r 下降，产出 Y 增加，同时国际收支恶化，贸易赤字产生。然后，在 IS^*-LM^* 模型中，本币有贬值压力，汇率 e 下降，但央行维持固定汇率 ē，驱使套利者从外汇市场买回本国货币卖给央行，使流通货币量 M 减少，逐渐推动 LM 和 LM* 曲线左移回到原位，汇率 e 回到 ē，利率 r 回到 r*，产出 Y 回到原点，导致货币政策失效。

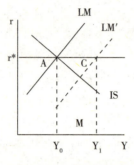

图 2.1 IS－LM 曲线

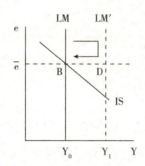

图 2.2 IS*－LM* 曲线

二、区域经济学相关理论

（一）集聚经济理论

与规模经济理论不同的是，区域经济学中的集聚经济理论更注重企业在区位内的地理布局和产业关联。集聚经济是指假设一个企业自身处于规模报酬不变的状态，其生产率也将随着地理相近的其他企业的生产效率增加而升高，这是因为相关区位内的企业相互关联，因集聚而产生正的外部性，存在正向溢出效果（Corbett，2004）[20]。

魏后凯（2005）[21]指出，集聚经济效应主要来源于以下几个方面：

1. 共享服务设施和基础设施

这些设施包括运输道路如机场、铁路和公路等、仓库场站、供电与给排水设施、邮电通信设施、教育与科研设施、商业娱乐设施等。由于提供一些基础设施和服务设施有最小需求规模，例如，只有大城市的郊区才适合建设机场，铁路干线的布局也对城市规模有最低限制。因此，只有一个产业集聚的区位中才有可能设置高效运作的基础设施，为区位内企业提供高质量服务。

2. 共同利用辅助企业

地理集中的同类企业将会吸引大量辅助企业也设置在同一区位内。这些辅助企业包括以下三类：一是提供生产性服务的辅助企业，如电镀厂、模型制造厂、机修厂等。二是提供零部件、中间产品或中间服务流程的辅助企业，如为汽车制造厂提供配套的各汽车零部件厂、为软件开发企业提供专业化测试的辅助企业等。三是加工废料的辅助企业，如废渣综合利用厂、污水处理厂等。

3. 人力资源聚集

对于企业来说，方便的劳动力市场将大大节省寻找合适员工的成本，尤其对于离岸服务外包这样既是劳动力密集型产业又是技术密集型产业来说，持续性获得高素质劳动力对企业的发展是至关重要的。因此，集聚的人力资源不但有助于熟练劳动力市场的形成，同时还能扩大本地市场的潜在规模，甚至成为培育有才能的企业家的源泉。

4. 促进企业革新

以北京中关村软件园、西安高新开发区等全国服务外包示范园区为例，大批离岸服务外包企业提供同质化或可替代服务的企业集中在同一地理环境中，市场的作用势必引发激烈竞争，同时加快了产业的更新换代，必然能够促进技术革新。同时，优越的通信条件、迅速的信息传递以及发达的新闻媒介和情报网络，使企业能迅速掌握市场和技术信息的变化。

集聚不经济，是指当集聚程度超过了合理规模的限度之后，产业活动将因过度集中而产生收益减少、成本上升。集聚不经济包括以下几个方面：（1）交通拥挤使市内运输费用和时间大大增加；（2）地方资源的不足和交通条件的限制，将可能导致能源、原材料供给短缺，而远距离从区外大量运入，又需要花费巨额运输费用和运输扩建或新建投资；（3）用地用水紧张，供电不足，地价和水电成本大幅度提高；（4）住房拥挤，环境污染严重，居民生活环境质量下降；（5）大城市地域范围的不断扩展，导致通勤人数和通勤距离大为增加。

（二） 区位决策理论

区位决策理论是指，在考虑集聚经济的相关理论之后，如何对布局产业集聚的区位进行合理定位和选择，包括选择城市和城市内的具体区位。区位决策理论更加关注决定正确区位的关键因素，主要包括以下几点：

1. 地理区位

地理学第一定律（TFL）指出，任何事物都存在空间相关性，而空间距离与事物关联性成反比。根据 Bell 和 Malmberg （1990） 对瑞典企业的研究表明，其分支机构的区位选择大体以企业总部为中心向外扩展，呈现出明显的距离衰减效应（Distance Decay Effect）[22]。因此，在区位决策理论中，距离因素和地理区位是决策的重要因素，包括与口岸（港口或机场）的距离、国外子公司与跨国母公司的距离等。

2. 生产要素和市场

与离岸服务外包密切相关的生产要素包括人力要素、资本要素和技术要素。对于新兴服务业来说，传统区位理论对于靠近原材料、能源产地的重要性正在减退，对于基于信息技术的离岸服务外包来说，运输成本在总成本中的比重微乎其微。相反，传统的人力要素，尤其是廉价的高素质员工、熟练的技术管理人员、具备资源整合能力的企业家群体和成熟的劳动力市场等，依旧是影响离岸服务外包企业区位决策的重要因素。并且对这些企业来说，处于大城市的商务中心，能够最大限度地接近市场和发包企业是至关重要的。另外，是否能够快速获得技术创新的最前沿成果甚至决定了离岸服务外包企业的存亡，在区位选择中占有重要地位。

3. 基础设施建设

一般我们将基础设施按照用途划分为经济基础设施、行政基础设施和社会基础设施三种类型。其中，经济基础设施与产业集聚的关系最为密切，主要指交通运输、水电供应、通信网络等方面的设施；而社会基础设施是指教育科研、休闲娱乐、文化医疗和居住环境等方面的设施；与产业相关的行政基础设施则包括法律服务机构、行政管理机构以及诉讼协调部门等方面的设施。魏后凯（2001）[23]认为，大力投资基础设施建设将引导私人投资，因为政府投资与私人投资存在相互促进的关系，政府投资对私人投资的增加有正面影响。

4. 政府扶持政策

从各国发展离岸服务外包的过程来说，政府扶持政策对该产业发展初期起着决定性作用。而政府政策对产业发展的影响体现在以下方面：一是提供财政税收或其他经济政策方面的优惠，对产业发展进行刺激；二是完善一定区位内公共基础设施建设，即提供公共产品吸引企业进入并产生集聚，如修建道路、建设园区、推动人才大量供给等；三是制定和完善与产业相关的政策体系，尤其是鼓励有发展潜力、代表新型技术发展方向的细分市场的开拓和发展。

5. 决策者行为

在离岸服务外包发展中，文化相近和语言相通是重要的影响因素。例如，菲律宾的呼叫中心等 BPO 业务取得快速发展，一个重要原因在于它同美国的教育体制相近，并且将英语作为官方语言，这两点优势加上菲律宾廉价的人力成本吸引了大量美国服务企业在菲成立子公司。因此，决策者行为对企业区位决策也起着重要作用，体现在两个方面：一是企业决策者的行为偏好，如对文化、娱乐甚至气候的特殊偏好；二是决策者个人经历与区位的关联性，比如与该地区具有亲缘、求学关系或其他联系等。

（三）区域创新系统

1. 区域创新系统的含义

库克（Cooke，1998）[24]率先对区域创新系统进行定义，他认为区域创新系统是指在一定区域的根植性制度环境内，企业和相关组织之间进行交互式学习。这一定义包含以下几方面内涵：首先，"交互式学习"是指在同一生产体系内，知识因为各关联主体之间的相互作用而成为一种公共物品；其次，区域环境是一系列要素禀赋和规则标准的综合体；最后，根植性是指企业与相关组织共同创造和复制知识的过程，这一过程将会经由特定的交互形式来完成。中国学者王缉慈（2002）[25]则将区域创新系统定义为"区域创新性环境内的各个交互主体，如企业、高校、研究部门和政府等进行协同创新活动以及所形成的系统"。

2. 区域创新系统的障碍

区域创新系统的良好运行将提升区域创新效率，促进该地区创新竞争力。能够促进创新，提高区域的创新力和竞争力。但是，无法良好运行的区域创新系统也将阻碍该地区创新活动的有效性。伊萨克森（Isaksen, 2001）[26] 将这种阻碍作用按照程度大小分为三个层次，即组织"薄弱"、断裂以及锁定。

组织"薄弱"是指在经济相对落后区域内，创新主体的缺失造成区域创新系统无法建立。区域创新系统的主体包括企业、高校及研究机构、政府及服务机构等，这些机构以及它们之间的交互活动共同构成了集体学习的"知识创造器"，但在经济落后地区，产业缺乏几乎互补性，参与创新的主体不全或它们之间缺乏联系。这一问题的解决方式在于，培育或引进区域内创新主体，强化区域内各主体之间的互动等。

断裂是指在某些区域内，各主体完备或"扎堆"，但是它们之间的交互式活动很少或缺乏，并未形成有效的区域创新系统。地理学第一定律只为区域内主体相互联系提供了必要条件，却非充分条件。要强化区域创新系统内主体之间的创新活动，首先要在这些主体之间形成密切合作的共同资产，即区域创新"俱乐部物品"（club goods）。最典型的例子就是区域性公共创新平台，或者以政府牵头搭建企业和高校之间的创新合作项目等。

锁定（Lock-in）是指在某些发达地区，创新系统存在并且曾经运行良好，但是随着技术进步，这些系统进入了封闭或僵化状态，不再有新的创新性知识出现或实现共享。锁定包括商业行为的社会、制度以及文化锁定。例如在某些老工业区中，区域创新系统内的研发机构的关注焦点仍集中在衰退的产业技术研究，致使这一地区无法进行活跃的新兴产业技术创新。因此应当鼓励技术知识结构更新换代，甚至与区域外的知识资源进行交流互换，以打破路径依赖，建立强有力的持续创新体系。

三、结构经济学相关理论

根据项俊波（2009）[27] 的定义，结构经济学是在全球经济结构不断失衡、资源与环境压力不断加大的背景下，以经济系统中的结构问题为研究对象，专门研究经济增长过程中经济结构的变化规律及其对资源配置的作用机理的一门应用学科。它主要是指经济系统内部的各种结构联系，包括投资消费结构、产业结构、金融结构、区域经济结构、国际收支结构等。

在结构经济学的范畴内，最核心的概念是结构经济，它与总量经济相对应，是指经济系统中各组成部分资源配置过程及其结果的总和。由于结构经济中各组成部分之间存在相互联系和相互制约的复杂关系，而这些关系的变化和发展成为经济增长的内在动力。因此，结构经济更能反映社会经济系统运行的质量和效率，同时代表了经济结构变动和优化的过程，它着眼于经济系统长期的内在变化趋势，最终通过影响资源配置效率来影响社会的总产出，进而推动社会进步。

根据结构经济学的观点，以下几方面要素的变化趋势将对经济结构的演进产生重要影响：

（一）传统的资本和劳动力要素禀赋比重的变化

这一观点的假设前提是要素的丰裕程度决定了要素的相对价格。林毅夫（2011）[28]认为，站在国家层面上看，一国处于不同发展阶段将会有不同的要素禀赋结构，从而产生不同的经济结构，反映在中观层面则决定了产业最优结构，而进一步在微观层面决定了企业规模大小、发展水平和风险大小。众多欠发达的发展中国家，其要素禀赋结构的特点在于非熟练劳动力数量较多、土地等自然资源相对丰富，而资本匮乏，因此产业多集中于劳动力密集型或资源密集型。而发达国家的情况则刚好相反，资本丰裕，具备高素质的熟练劳动力，但自然资源相对缺乏，因此在资本密集型产业中比较优势显著。不同发展阶段的国家各要素的丰裕程度不同则导致要素相对价格的差异，产业提升的根本驱动力在于资本和劳动力的比重从较低水平向较高水平发展，在发展过程中，国家作为经济体整体的总预算和各个要素禀赋的相对价格发生了改变，由此企业的生产决策随之改变，从而使产业发展水平获得提升。这一变化过程表述如下：不同产业的商品包含不同的资本密集度，当产业中的资本要素禀赋增加，资本的相对价格降低，那么该产业中的企业最佳决策就是扩大资本密集型产品的生产，逐渐取代劳动密集型产品。同时，当产业生产的资本密集度增加后，相应的资本需求和风险管理需求也增加了，这时金融结构也开始产生内生变化。此外，其他经济和社会结构也会相应变化。

（二）技术进步

项俊波（2009）[27]认为，经济结构的演进归根结底受到生产力发展水平的制约，而技术进步作为生产力系统的核心因素，成为经济结构向高度化、合理化演进的根本动力。其中，技术进步对产业结构有着直接影响，分别表现在三个方面：（1）决定产业的兴起与升级。主要表现在技术进步创造了新的产品和行业，并改善了原有产业的生产工艺、提高了劳动生产率。（2）决定产业的有序演进。技术进步将不断地推动新的高增长产业发展，淘汰低增长的夕阳产业，再不断地挖掘潜在的高增长行业，以便产生新一轮的替代。这一新旧交替的变化推动产业结构不断升级。（3）决定经济结构演变的方向。一般的高增长产业只能支撑特定时期的经济增长，但只有由技术创新形成的具有较强扩散效应的产业才有可能成为主导产业，对其他产业产生极化效应①，决定经济结构演变的方向。

（三）制度创新

项俊波（2009）[27]还认为，生产力发展需要生产关系的适时调整，而生产关系的调整则需要通过制度创新来实现，制度则包括政治体制、政府运行机制及相关政治体系。制度创新对经济结构优化调整的作用主要体现在两个方面：（1）提供有效的激励机制。制度创新对经济的重大作用之一就体现在为经济主体创造有效的激励机制上，激励机制的不断优化能够持续激发人类的创新才能，从而不断提高劳动生产率。（2）提供制度基础和保障。科斯（Coase，1937）[29]的交易成本理论认为，交易中存在不确定性。而制度则是由非正规约束和正规约束所组成，目的在于创造交易秩序和减少交易中的不确定性，从而降低交易成本。

---

① 极化效应是指由于增长极本身所拥有的先进产业对生产要素产生强大吸引力，周围地区的生产要素和经济活动不断向增长极集中，从而加快增长极自身的发展，但同时拉大区域间的不平衡。

四、产业经济学相关理论

(一) 结构—行为—业绩 (SCP) 范式

在哈佛学派的产业组织理论体系中，贝恩 Bain (1959)[30]建立的市场结构 (Structure) —市场行为 (Conduct) —市场业绩 (Performance) 的产业分析框架是产业组织理论中最基本的模型，简称 SCP 范式，用于分析行业或者企业受到表面冲击时，可能的战略调整及行为变化。SCP 范式的理论核心是市场结构、市场行为与市场业绩之间的互动关系，即市场结构既定，企业必然采取与外部环境相适应的价格行为、非价格行为和组织调整行为，选择有利于自身生存与发展的行为方式，换言之，是由市场结构决定市场行为。而企业的定价策略、产品策略等市场行为又决定了市场业绩，也就是说，市场经营的业绩由市场行为决定。而从长远来看，SCP 要素之间是双向的因果关系，市场结构不断发生变化，市场结构的变化经常是市场行为的结果，有时也会受到市场业绩变化的影响 (刘跃和欧阳新琳，2011)[31]。因此中国服务外包现有产业结构决定了服务外包企业的生产方式和价格行为，进而决定企业业绩，但从长远来看，不断创新的企业运作模式也会带动服务外包结构的变化和升级。

(二) 产业结构理论

产业结构是指在社会再生产过程中，一个国家或地区的产业组成即资源在产业间配置状态，产业发展水平即各产业所占比重，以及产业间的技术经济联系即产业间相互依存、相互作用的方式。产业结构理论分支关注产业层面的结构分析，其假设前提是要素的丰裕程度决定了要素的相对价格，因此，一国要素禀赋结构在中观层面决定了产业最优结构，而进一步在微观层面决定了企业规模大小、发展水平和风险大小。而产业提升的根本驱动力在于资本和劳动力的比重从较低水平向较高水平发展，在发展过程中，国家作为经济体整体的总预算和各个要素禀赋的相对价格发生了改变，由此企业的生产决策随之改变，从而使产业发展水平获得提升。这一变化过程表述如下：不同产业的商品包含不同的资本密集度，当产业中的资本要素禀赋增加，资本的相对价格降低，那么该产业中的企业最佳决策就是扩大资本密集型产品的生产，逐渐取代劳动密集型产品。同时，当产业生产的资本密集度增加后，相应的资本需求和风险管理需求也增加了，这时金融结构也开始产生内生变化。此外，其他经济和社会结构也会相应变化。

第三节　相关文献研究

国外学者的相关研究主要立足于发达国家在产业链中的地位，即站在发包人的立场，从微观企业视角出发，已经形成了结构完整的四大体系研究，即服务外包决策、服务外包管理、服务外包业绩和供应商角度。但较少文献涉及服务外包结构和服务外包战略层面。

中国学者对离岸服务外包的研究与国外恰好相反，较多学者从宏观国家层面探索发展离岸服务外包的竞争优势，也有学者从行业角度提出发展支持离岸服务外包发展的政策制定和市场环境建立的建议，较少学者从企业层面出发研究中国的离岸接包企业进行决策、风险控制和提高业绩的方法。现将与本书相关的文献综述如下。

一、离岸服务外包概念界定

（一）外包

Prahaoad 和 Hamel（1990）[32]最早提出外包（Outsourcing）的概念，认为外包是指企业为了专注于核心竞争力的建设，而将非核心业务转移给专业接包企业的行为。Loh 和 Venkatraman（1992）[33]认为服务外包是指卖方提供给企业的物质、人力资源及全部或部分的 IT 基础设备。而服务外包最常见的定义是 Lacity 和 Hirschheim（1993）[14]所提出的：把传统上由企业内部进行的服务活动转移给外部供应商，或从外部获取原因由企业内部提供的服务产品。外包的另一定义是：企业将一些辅助流程交由外部接包企业来完成，发包企业不但要内部协调资源配置，还需要进行与接包企业维持长期业务纽带的外部协调（Besanko et al.,

1996）[34]。

（二）服务外包

服务外包的定义也有众多版本。Elmuti 和 Kathawala（2000）[35] 认为服务外包是企业将主要的、非核心的功能委托给专业的、高效的服务提供者的管理战略，通过对外部资源的战略利用，完成传统上由企业内部员工和资源所完成的服务活动。Garaventa 和 Tellefsen（2001）[36] 认为服务外包是一个企业为了减少业务负担、获得专有技术专家的意见、降低支出，将内部功能、任务或服务承包出去。Franceschini 等（2003）[37] 则认为服务外包是一种管理方法，是允许接包企业对本应发包企业自己从事的业务流程或服务来进行管理的行为。《商务大词典》归纳了服务外包的概念，认为服务外包是"通常指依据双方议定的标准、成本和条件的合约，把原来由内部人员提供的服务转移给外部组织承担"。

（三）离岸服务外包

Khalfan 和 Alshawaf（2003）[38] 认为离岸服务外包是指管理责任的转移，把服务的提供以及内部员工转移到其他国家的第三方服务提供者。联合国贸发会议（UNCTAD）（2004）则将离岸服务外包定义为"服务业领域的跨国转移"。

国内学者也对离岸服务外包的定义作出了不同角度的阐释。中国学者中最早提出离岸服务外包含义的是杨圣明（2006）[39]，他认为离岸服务外包定是新兴的国际贸易形式，是发达国家企业将某种业务或非关键流程转移给外部企业从事的生产形式。

卢锋（2007a）[40] 从不同层次对离岸服务外包进行定义：

1. 从产业内分工视角出发，界定外包的内涵

卢锋认为外包是指在产出不变时，把部分投入环节转移到外部完成的管理方法或分工形态。或者简单地说，外包是"投入环节活动"外部转移，不是"产出活动整体"外部转移。

2. 从产业结构的角度精确界定服务外包的外延

依据其相关产业的差别，将服务外包分为两类：一是在服务业中，

将非核心业务流程从内部自行生产转为外部承担；二是在制造业或其他服务业以外的产业中，将所生产的产品一部分服务性工序或支持性的服务过程由内部生产转为外部承担。

3. 从对服务贸易的定义推导离岸服务外包的外延

根据国际货币基金组织（IMF）的定义，国际贸易参与主体被划分为"居民"和"非居民"，即国际服务贸易是指一国的居民与非居民之间从事的服务性交易，而国内服务交易则是指居民之间的服务性交易。参与直接投资的外资企业与该国公民都属于 IMF 所定义的东道国"居民"，因此，他们之间直接进行交易应属于国内交易，并非服务贸易。但是世界贸易组织（WTO）提出了 FATS 的概念，含义为"外资企业在东道国子公司所从事的服务交易活动"，并且认为这种交易活动的性质是服务贸易，是外资企业用"商业存在"的形式进行服务贸易，也是离岸服务外包的重要提供方式。但是由于后者的定义存在可商榷之处，即一是过分强调了资本、品牌等要素所有者身份对企业经济活动属性界定的影响，对其他投入要素影响则不能相应反映。二是某些场合运用可能出现逻辑矛盾。因此卢锋（2007a）[40] 考虑定义逻辑严谨性以及与货物贸易进而国民经济核算体系的衔接，对离岸服务外包采取了妥协的定义，即主要采用国际收支账户方法定义离岸服务外包，同时把 WTO 界定方法作为辅助定义。

二、离岸服务外包业务结构

根据服务外包的业务进行分类，可以将服务外包分为三大类：最初发展、处于价值链低端的信息技术外包（ITO）、将信息技术服务引入垂直行业的商务流程外包（BPO），除此之外，还有近几年发展迅速的处于价值链高端领域的知识流程外包（KPO）等。因此，离岸服务外包结构可以相应地分为离岸 ITO、离岸 BPO 和离岸 KPO。

（一）离岸 ITO

埃森哲（Accenture，2008）[41] 致力于研究离岸 ITO 市场构成，并从市场份额上对业务额最大的信息技术外包做了一般分析，认为定制软件所占比例最大，另外需求量较大的还包括软件研究与开发、软件测试和软件本地化。

许多学者关注服务水平协议（SLA）对离岸 ITO 管理的影响。古等（Goo et al., 2009）[42]采用韩国离岸 ITO 行业数据，将 11 个合同要素按特性分为三类：基础特性、变化特性和治理特性，研究其对治理效果产生的影响，结论是 SLA 条款和外包治理是补充而非替代的关系。但当合同要素性质变化使外包提供商信任和承诺水平打折扣时，治理将会对合同产生替代作用。Miozzo 和 Grimshaw（2008）[43]研究了阿根廷和巴西的三大 ITO 跨国接包企业及其外包协议，研究接包企业与中等收入国家的客户形成前向联系的条件，得到两个结论，即接包企业的客户经理设计和操作离岸 ITO 协议的专业技能及其与客户全球外包战略的匹配度是影响前向联系形成的关键因素，反之这两个关键因素又受到东道国政治制度和经济状况的影响。

Elmuti 和 Kathawala（2000）[35]从另一角度分析，将制造业中供应链基础的管理引入服务外包领域，建立模型来探讨接包企业如何多渠道地提供离岸 ITO 服务，并从宽度和深度两个角度分析了获取外包收益的方法和多渠道供应的资源配置方法，最后通过对金融服务机构的案例分析证明该模型的适用性。

（二）离岸 BPO

离岸 BPO 是指发包企业以长期合同的形式将部分业务委托给专业的离岸服务接包企业，由服务接包企业按照合同的要求进行管理、运营和维护。

万盟并购集团 2010 年的研究报告对离岸 BPO 作出一般分析，发现离岸 BPO 中最大的细分产业是物流和采购，最成熟的产业是销售和市场营销以及客户管理。培训所占份额相对较小，但它是增长最快的领域。IDC 认为，未来增长潜力较大的领域包括客户服务、培训、财务、人力资源以及采购。但是，目前大多数中国本土接包企业缺少离岸 BPO 的成熟项目经验及管理方法，仅能提供较为低端的流程服务。

一些学者关注不同行业离岸 BPO 管理。Mcivor 等（2009）[44]研究了金融理财机构的离岸服务外包过程发现，对离岸服务外包过程实施业绩管理要面对大量困难，比如信息不完整和业绩管理系统不完善等。但是对离岸服务外包过程进行标记和成本分析对改进业绩、降低成本来说是有效的机制。Gewald 和 Dibbern（2009）[45]建立了一个基于风险收益的离岸 BPO 模型，对德国银行业离岸 BPO 四个细分业务进行测试，将银行按照其对离岸 BPO 的态度分为三类：赞成、中立和反对。结果显示银行操作离岸 BPO 的经验降低了离岸 BPO 带来的风险和收益之间的对立，选择离岸 BPO 的银行认为外包可以使自己集中加强核心业务，而反对离岸 BPO 的银行则认为大多数风险并非金融风险，而是系统风险和业绩风险。Macinati（2008）[46]认为意大利公共医疗领域的离岸 BPO 要考虑两个问题：一是离岸 BPO 在公共部门中的适合程度，尤其是核心的临床服务；二是公共医疗离岸 BPO 的收益。Macinati 通过对调查该领域离岸接包企业发现离岸 BPO 可能削弱临床服务的针对性，同时离岸接包企业对病情危急程度的应对能力与其收益相关。

另一些学者关注离岸 BPO 的细分市场。Ren 和 Zhou（2008）[47]试图寻找离岸 BPO 中呼叫中心外包供应链上应在合同中加以规定的要素。他们建立了包含顾客放弃假设的呼叫中心模型，假设呼叫具有潜在收益，用收益实现比例测算呼叫中心的服务质量，并发现合同规定员工素质和执行效果能控制呼叫中心业绩。

人力资源外包是跨国公司普遍接受的离岸 BPO 业务流程。Ordanini 和 Silvestri（2008）[48]建立基于效率驱动因素的预测模型，从管理型和战略型两个层面研究招聘和猎头（R&S）外包决策，发现效率和竞争性动机分别对管理型和战略型离岸 R&S 外包决策影响较大。Gospel 和 Sako（2010）[49]认为购买方的管理结构和供应商的市场影响力决定离岸 BPO 的方式和路径，而这种方式和路径又影响发包企业的发包决策。他们通过分析两个快速消费品企业 P&G 和联合利华的 HR 外包发现：P&G 高度集中化的管理体系使它倾向于组建内部 HR 管理中心，而分权化管理的联合利华倾向于选择 HR 领域的离岸 BPO 来普及该公司在全球 HR 的标准化。

（三）离岸 KPO

离岸 KPO 处于离岸服务外包价值链高端，是离岸 BPO 的高端业务类型。它与离岸 BPO 的区别在于，离岸 BPO 主要是承接跨国发包企业的非核心业务，通过规模经济来降低企业运营成本；而离岸 KPO 则将接包范围扩大至跨国发包企业的核心业务，接包企业通过其自身对相关垂直产业业务的精通，为跨国发包企业设计核心业务的流程再造，从而整合跨国发包企业的业务链，能大大提升发包企业的利润率和附加值。离岸 KPO 的外延包括垂直产业流程创新、细分市场挖掘和核心业务分析等领域。就其本质而言，离岸 KPO 是升级版的离岸 BPO。

万盟并购（2010）[50] 研究发现，目前离岸 KPO 的接包市场主要由三种力量构成，分别是银行或机构的专属研究部门、传统的大型离岸 BPO 接包企业以及新兴的专业离岸 KPO 接包企业。专业离岸 KPO 接包企业的发展模式大多遵循相似路径，即总部或客户部门设在发达国家，在印度等成熟接包国设置执行部门，并逐渐向中国、拉丁美洲、南非等新兴接包国家扩展。但中国本土的离岸 KPO 接包企业由于受到专业技能、资本和规模等限制，发展较为缓慢。

Currie 等（2008）[51] 从外包供应商角度研究了金融服务中的离岸 KPO 种类，描述了金融行业离岸 KPO 从低端到高端的完整加工过程，研究了离岸 KPO 提供商如何沿着价值链溯游而上，分析了更多客户定制的复杂智力服务活动的过程及其在此过程中面临的风险和挑战。

三、离岸服务外包区域结构

赛迪顾问的报告（2010）[52] 对中国主要城市的离岸服务外包发展情况进行综述，详细描绘了北京、上海、大连和成都的离岸服务外包环境、产业特点、扶持政策和典型示范园区，并比较不同城市间的差别，结论认为这些城市和工业园区没有显著区别，使跨国发包企业在选择时无针对性，导致内部竞争激烈。同时呼吁这些城市和工业园区的管理机构不能仅着眼于提供良好的基础设施和较低的运营成本，而必须侧重于改善城市和工业园区满足外包行业需求的能力——提供从财务倾斜到保护知识产权在内的一切支持。

另外众多文献研究了中国某一地区发展离岸服务外包的相关问题，但这类研究主要集中于对发达地区或该产业发展基础较好地区。喻春娇（2009）[53] 对武汉市发展离岸服务外包的竞争力与中国 10 个服务外包基地城市进行横向比较，认为武汉市的商业环境及人才储备上具有一定竞争优势，但在吸引离岸服务外包的综合竞争力处于相对弱势。她还认为武汉市应重点发展本土优势领域的软件服务，改善投资环境。黄哲雨（2010）[54]利用"钻石模型"，从生产要素、相关产业、市场开放程度、政府作用等方面对长沙市发展离岸服务外包的竞争力与上海市进行了对比，认为制造业实力、交通、电信等基础设施的建设、地方政府在教育和科技上的投入、外商直接投资数量、科技人员数量等因素均对长沙市离岸服务外包竞争力产生正面影响。林康（2007）[55]研究了江苏省发展离岸服务外包的对策，认为江苏省应通过加强规划引导、加强法制建设、加强基础设施建设、实行优惠政策、大力推行招商引资、提高地区品牌建设等几个方面来加快江苏省离岸服务外包的发展。

虽然目前这类研究已基本覆盖了中国主要省（市），但这些研究大部分都是针对发达地区的研究，针对欠发达地区的研究较少；同时宏观研究较多，微观层面的研究较少，没有具体到行业和企业层面，去分析各地区不同类型的离岸服务外包产业和离岸服务外包企业所面临的问题；并且以定性分析居多，定量分析较少，其得出的结论也相对缺乏可信度。

可以看出，国内学者关于中国离岸服务外包区域结构的文献尚未形成体系，尚没有学者按照中东西部区域进行系统划分并进行分析，同时众学者的研究结论与政策建议大多雷同，缺乏足够的针对性。

四、离岸服务外包政策结构

目前国内离岸服务外包政策相关文献主要分为三类：

第一，着眼于财政补贴政策对服务外包发展的影响。Cockburn 和 Henderson（1998）[56]认为搭建产学研体系有助于提升企业内部的技术吸收能力；Wallsten（1999）[57]和 David 等（2000）[58]均认为政府针对研发的财政补贴与私人投资之间具有替代效应，在单独企业层面上对私人投资有挤出效应，但同时又通过增加了产业内企业数量从而在产业层面对投资有促进作用。Dinopoulos 和 Syropoulos（2007）[59]则关注研发补贴的长期影响，认为政府对高技术产业部门的企业持续投入研发支出补贴是决定一国长期经济增长的关键因素之一。国内学者安同良等（2009）[60]建立了一个企业进行研发活动与最终产品生产的两阶段模型，采用动态不对称信息博弈模型分析企业与政府之间的博弈行为，不但考虑了企业为获得研发补贴而释放信号的行为，也分析了政府面对企业策略性行为时的最优对策。姚凤民和余可（2015）[61]构建了信息不对称假设下对企业研发的财政补贴模型并进行实证分析，发现政府直接对企业投资对服务外包企业的收入增长无显著影响，但建立基金与高校合作研发进行技术创新则显著促进服务外包企业收入增长。

第二，关注离岸服务外包税收优惠。众多学者均从微观角度关注对服务外包企业征收营业税具有重复征收的现象，会增加服务外包企业的税收负担，不利于企业生产成本的降低，因此，应当积极推进"营改增"或实行差额征收营业税。刘树桢和郭聪（2011）[62]、李香菊和叶薇（2012）[63]、贾峭羽（2013）[64]、霍景东（2009）[64]认为制定服务外包税收政策时应当符合税收中性原则，在此基础上建立完善的税收体系，包括加大所得税优惠力度，改革营业税和扩大增值税征收范围，同时大力鼓励离岸服务外包业务发展，对该收入进行减免和退税等优惠。赵书博和邸璇（2011）[65]建议在完善营业税的基础上争取将服务外包纳入增值税征税范围，同时还应当调整配套的个人所得税费用扣除标准，加大所得税优惠幅度。刘树桢和郭聪（2011）[62]从微观层面研究了税收政策对离岸服务外包企业获利能力的影响，但量化研究较少。

第三，其他相关政策的研究。除了以上两方面政策之外，还有一些学者关注离岸服务外包人才培养方式（程有娥，2013[66]；于丽娟等，2011[67]；周华丽和鲍泓，2015[68]），认为应当以培养服务外包复合型人才为培养目标，打造服务外包人才培养的国家级创新实验室，并实现跨学科专业设计，注重与服务外包示范区企业合作，高校与企业共建服务外包人才的孵化池，从而形成较为完善的人才培养体系构架[73][74][75]。另一些学者着眼于以21个服务外包示范城市为主的各地区离岸接包吸引力（陈军亚，2009[69]；艾民和侯志翔，2010[70]；于立新等，2010[71]；沈鹏熠，2013[72]；朱福林等，2015[73]）等，提出了政府支持、教育体系、基础设施、文化相近、劳动力成本和沟通能力等方面是跨国发包企业关注的关键因素。裘莹和张曙霄（2014）[74]引入三元悖论模型，采用线性回归方法证明了货币独立、汇率制度和金融市场开放等政策选择对中国离岸服务外包发展的显著影响。

前期文献成果表明，众多文献关注服务外包相关的财政政策，包括财政补贴政策和税收优惠政策，鲜少有文献关注相关外汇管理政策和对外开放政策，并且几乎没有文献关注政策选择对离岸服务外包发展的非线性影响。因此，本书拟从影响离岸服务外包业务的外汇政策与外向型经济政策角度出发，运用门限模型，分析各国外汇储备规模所造成的离岸服务外包发展与政策选择的非线性影响。

五、离岸服务外包国别比较

离岸服务外包国别比较按照离岸服务外包地位分为跨国发包企业国别比较和离岸接包企业国别比较。其中跨国发包企业国家主要是美、日、欧等发达国家。谭力文和田毕飞（2006）[75]分析了美、日等发达国家发包特点的不同，并给出中国作为接包方分别加以应对的建议。黄明等（2010）[76]立足人才培养，分析大连交通大学对日定向培养离岸 ITO 人才的目标、模式及前景，为中国培养离岸服务外包专业人才的方式提供思考。

《2010 年中国服务外包研究报告》认为离岸服务外包优势在于发展中国家廉价的劳动力大大降低外包成本，同时借助在多个时区覆盖项目部来满足全球客户需求[77]。世界主要的发包国主要集中于美国、欧洲和日本，而中国、印度、巴西等新兴市场国家日益成为重要的承包国。按地区将全球承包国分为三大区域，分别为亚洲、欧洲和拉丁美洲国家。其中。亚洲的主要离岸接包国是印度、中国、菲律宾以及其他东盟国家；欧洲的主要离岸接包国是爱尔兰、波兰和乌克兰等东欧国家；拉丁美洲的主要离岸接包国是智利、哥伦比亚和巴西等国。近年来，一些发达国家如加拿大、澳大利亚也加入了离岸接包国的竞争行列。

Accenture（2008）[41]的研究结果表明，印度、菲律宾、爱尔兰和加拿大分别给本国离岸接包企业不同的税收优惠，其中，印度和菲律宾专门设置了相应机构对服务外包进行管理，并在关税上进行政策倾斜。而俄罗斯的优惠政策较少，也没有相关政府部门主管服务外包发展，仅有一个软件开发者协会针对离岸 ITO 业务进行服务。

从离岸接包方视角来看，现有关于国别比较的文献大部分选择印度作为比较对象，因为印度与中国同为"金砖四国"之一的亚洲新兴市场国家，国情有着较大相似度。Aundhe 和 Mathew（2009）[78]关注离岸 ITO 接包企业的风险。他们认为印度离岸 ITO 接包企业的风险主要包括宏观风险、特定关系风险和特定项目风险。影响风险程度的因素包括外包双方关系成熟度、外包协议实质、服务或项目实质和客户特性。Bharadwaj 和 Saxena (2009)[79]通过建立模型来分析离岸接包企业组织及整合能力的关键来源。通过印度离岸 BPO 服务供应商数据找到了促使离岸 BPO 成功的两个关键因素，即离岸服务外包业务流程管理和买卖双方关系管理，但同时认为通过这些管理要建立起双赢关系存在一定困难。赵楠 (2007)[80]将印度模式概括为"以离岸 ITO 为主，产业附加值低，完全依赖国外发包市场"的特点，指出其离岸 ITO 取得迅速发展的原因和遇到的"瓶颈"。宋晓东 (2009)[81]从宏观和行业角度分别比较了中、印两国的优势和劣势，指出中国最主要着眼点应提高人力资源素质来弥补禀赋差异和改善商业条件。

还有学者关注印度以外国家离岸服务外包的发展现状对中国带来的启示。唐宜红和陈非凡 (2007)[82]从环境禀赋、政策环境和产业结构等几个方面阐述了东欧国家、墨西哥和印度的不同之处，并为中国发展离岸服务外包的环境建设提供借鉴。王哲和武亚兰 (2008)[83]则比较了爱尔兰和印度模式，比较两国国家政策支持和市场定位的差别，为中国制定支持离岸服务外包的政策提供启示。

六、中国离岸服务外包升级策略研究

中国学者对离岸服务外包的研究较多集中在宏观政策层面，早期文献主要研究全球服务外包发展趋势及中国的应对策略（陈非，2005[84]；詹晓宁和邢厚媛，2005[10]；彭一峰，2006[85]），而关于离岸服务外包战略的近期文献可以分为以下四个层次。

(一) 中国离岸服务外包跨越"陷阱"研究

牛卫平 (2012)[9]基于比较优势陷阱理论提出了离岸服务外包陷阱理论，将中国离岸接包企业落入离岸服务外包陷阱归因于路径依赖，指出接包企业极易落入离岸服务外包陷阱的主要原因是其对跨国发包企业的技术依赖和对低劳动力成本的过度依赖，落入离岸服务外包陷阱的后果则是从长期看接包企业人力资本积累缓慢、缺乏技术创新能力积累导致的与发包企业间技术差距和边际生产率差距同时不断扩大，最后建议接包企业可以从内部技术积累及外部需求推动两方面来跨越离岸外包陷阱。

另一些学者分别从不同方面阐述了离岸服务外包企业落入接包陷阱的原因。苏卉和孟宪忠（2007）[86]将离岸接包企业被"俘获"归因于对符合跨国发包企业标准的专用资产进行过度投资，从而提高转换成本，进而增强了对发包企业的依赖性。杨丹辉（2005）[87]则认为技术依赖是离岸接包企业落入陷阱的主因，发包企业对接包企业技术进步制造壁垒，使得接包企业停滞在微利的困境中，创新能力缺失与自主品牌缺位，其国际分工地位的变化也只能局限于"量"的累积，而非"质"的改善。吴解生（2010）[88]则认为原因应归为离岸接包企业未能进行持续性的人力资本投资，仅满足于低劳动力成本带来的短期利润，而无长远可持续发展的眼光，因而逐渐陷入价值链低端而无法自拔。

在相关政策建议方面，牛卫平（2012）[9]提出从微观层面出发，应着眼于企业的可持续发展能力，由扩大生产转向提升创新水平，突破路径依赖。从宏观层面出发，应出台相应政策措施来鼓励中国离岸接包企业效仿中国台湾、韩国企业，采用多种模式逐步累积自身技术优势，实现价值链的跃迁，获取更多的分工利益，逐步跃居主导地位。于强（2010）[89]关注对离岸接包企业培育自主品牌的金融政策支持，建议建立离岸服务外包相关的避险基金，同时建立离岸外包的风险预警系统，以便增强离岸接包企业的风险抵御能力。

（二）中国应对全球服务外包市场的策略研究

一些学者则更偏重于中国作为离岸服务外包承接方来分析中国在全球服务外包市场的对策。卢锋（2007b）[90]通过对印度离岸服务外包进行细致考察，深入分析中国正处于初创期的产业发展方向，把政策支持重点归为基础设施和人力资源两大方面。杨志琴和祖强（2007）[91]引入产业组织理论的产业聚集观点，认为应当大力发展离岸服务外包示范城市和示范区，形成产业规模经济，从而以点带面，快速提高中国作为承接国的竞争力。王晓红（2008）[92]则提出了一个较新的视角，即中国离岸服务外包可以带来技术外溢效应，从而提高本国离岸接包企业的管理能力和技术水平，但是该论文选取样品仅限于设计行业，这种技术外溢效应是否能扩展到其他行业未有涉及。

（三）中国离岸服务外包对提升国家竞争优势的作用研究

还有一些学者从宏观层面出发，立足于波特的国家竞争优势理论分析中国离岸服务外包发展的现状，关注中国离岸服务外包的国家竞争力。如聂平香（2007）[93]建议利用中国现有的制造业优势发展离岸制造业服务外包，从而带动离岸服务业服务外包发展，并且要在城市布局上重点考虑人才储备和人力资本因素，提议发展二线城市。褚博洋（2009）[94]认为中国离岸服务外包的优势是低廉的成本和庞大的国内市场，但是通过分析中国离岸服务外包发展现状发现，整体市场定位尚不明确，在培育本土企业上存在不足。提出中国应该根据不同区位的差异性优势来建立差异化的服务外包基地，分别吸引有不同外包需求的国外服务购买商。王伶俐（2009）[95]归纳了离岸服务外包发展的几大驱动力，并提出基于区位选择理论，离岸服务外包园区应该建设在基础设施较为完善的大中型城市，凭借原有科技平台或技术园区来发展配套设施，有效利用成熟的劳动力市场和口岸便利，形成产业集聚效应，避免重复建设。

（四）中国各地区离岸服务外包差异化战略研究

还有一些学者着眼于各地区的发展基础和条件来研究相应的服务外包发展和转型战略。杨志芳和朱亚萍（2009）[96]选取西安作为制定离岸服务外包战略的落脚点，认为应该合理找准离岸服务外包的价值链定位，提出西安应充分利用其成本优势发展呼叫中心、数据中心等价值链低端业务，并发展该行业劳动密集程度高、资源消耗小的特点，解决就业、拉动经济发展。易志高和潘镇（2011）[97]重点考察了江苏省离岸服务外包的战略措施，认为该产业具有交互性分离和可迁移性的特征，改变服务的状态和提供方式，能够为江苏省内地理区位优势相对较差的苏北和苏中地区提供发展机会。根据地区发展程度的不同，苏南地区应当注重离岸服务外包业务的高端化，充分发挥业已成型的产业结构、人才储备等优势，增加离岸 BPO 和离岸 KPO 的比重，实现离岸服务外包质的飞跃；苏北和苏中地区则应重点承接离岸 ITO 等相对低端的离岸服务外包业务，注重"数量"层面上的发展与变化。

七、离岸服务外包微观分析

该领域较早期文献分别从资产专用性、不确定性和交易频率来度量组织交易成本。Dyer（1997）[98]和 Masten 等（1991）[99]认为如果从事一项经济活动如服务流程需要越多的专用资产，企业就越不可能将这项服务外包出去。这类服务不适合外包是因为公司会对供应商产生高度依赖性，并且供应商会产生机会主义行为，趁机提高价格或降低服务质量。Takeishi（2002）[100]发现运营良好的汽车企业均在核心技术构造上采取了保密措施。另外，交易成本理论假定在不确定性较高的市场中，选择内部组织来完成服务流程，采用指令和行政控制进行资源配置，能比离岸接包企业更加迅速地对市场波动作出反应（Dyer，1997[98]；Masten et al.，1991[99]）。

近期研究则将上述因素综合起来考察影响服务外包决策的原因。Ellram 等（2008）[101]假定建立离岸服务外包长期契约的固定成本远高于日常交易的可变成本，并且如果在某一领域存在高度不可控风险，企业将不会采用离岸服务外包。他们的结论是：对较大规模的专业服务活动更有可能进行离岸服务外包，以利用规模经济的优势；资产专用性投资越高，离岸服务外包供给市场越不稳定，识别合同业绩的难度越大，实行专业离岸服务外包的可能性就越小。但是资产专用度高的知识性资产除外，为发展离岸 KPO 的可能性提供了实证支持。

受限于数据取得的困难，中国学者从微观角度对离岸服务外包的研究仅散见于零星文献，没有系统阐释。如梁建英等（2008）[102]采用案例分析法建立信号成本模型，为解决离岸服务外包管理中的信息不对称问题提供建议。刘征驰等（2012）[103]和明燕飞等（2012）[104]则均从委托代理理论角度分别分析离岸服务外包质量控制方法和公共领域离岸服务外包的风险。

同样国内学者也较少从交易成本理论视角研究离岸服务外包，卢锋（2007a）[19]在其专著中简略将离岸服务外包中的市场交易成本概括为以下几大类型。（1）商务运输成本。企业服务流程由内部转向外部意味着流程之间的空间距离增加，产生了额外的运输成本，这些成本包括运输费用、运输过程耗费的时间成本和离岸外包中的过境费用，包括关税以及通关费用等。（2）沟通成本。跨国发包企业和离岸接包企业之间额外增加的信息交流量提高了沟通成本，Coase（1937）[29]认为，一系列短期协议必然导致合同的不完备性，而通过不断沟通来对现有合同进行完善是一件极其耗费时间成本的工作，会大大增加交易成本，同时也对发包企业和接包企业的协调沟通能力提出挑战。（3）潜在风险成本。发包企业将承担不确定性带来的风险，例如，离岸服务外包的服务流程无法在企业内部得到直接控制，接包企业存在寻租可能和道德风险，远距离外包所发生的不确定干扰可能对发包企业带来损失。

第三章

中国离岸服务外包业务结构研究

第一节　中国离岸服务外包业务结构现状

离岸服务外包按照业务结构来进行划分，主要包括离岸信息技术外包（离岸 ITO）、基于信息技术的离岸商务流程外包（离岸 BPO）和离岸知识流程外包（离岸 KPO）①，下面将对这些细分业务分别进行分析。

一、中国离岸 ITO 概念与现状

（一）离岸 ITO 的概念与分类

离岸信息技术外包（Offshore IT Outsourcing，离岸 ITO）就是跨国发包企业将自身的信息化建设等流程交付给离岸专业的信息技术接包企业来完成。离岸 ITO 一般包括以下内容：信息化规划及咨询、设备和软件选型、网络系统和应用软件系统建设、系统网络的日常维护管理和升级等。离岸 ITO 的普及为企业实现业务流程数字化，提高企业工作效率，节约信息化成本提供了巨大帮助。根据客户的需求，离岸 ITO 企业为客户提供服务的方式主要有以下四种：

---

①　在 2011 年中国软件与信息服务外包调研中，知识流程外包（KPO）、合同研发外包（CRO）等业务部分被统计到商务流程外包（BPO）中了。

1. 离岸 IT 资源整体外包

这一方式是由离岸 ITO 企业为发包企业提供全套的离岸 ITO 服务，包括系统规划、采购、实施、运维、咨询和培训的整体服务，这种方式适用于没有成立 IT 部门或雇用 IT 工程师的业务计划，并希望降低运营成本的跨国发包企业。

2. 离岸单项 IT 技术外包

当跨国发包企业有自己的 IT 部门或少量的 IT 技术人员，但总体 IT 技术实力难以应付企业日常的繁杂事务，则可以选择将较为棘手的 IT 技术处理项目交给离岸 ITO 接包企业。这些业务包括网络建设、硬件设备维护、单项软件开发等。离岸 ITO 接包企业可以按项目、时间、设备量等各种方式计费，提供专门服务。

3. 离岸维护外包

若跨国发包企业自身的 IT 系统处在正常运转的状态，有少量维护人员，平时日常工作不多，但一旦有紧急情况又无法迅速组织技术力量进行解决，就可以选择离岸 ITO 接包企业来提供随机的维护外包服务，以便在设备出现状况时可以享受专业团队技术力量的服务，保障已建系统的正常运行。

4. 离岸 IT 行业信息咨询

这一服务针对 IT 行业特征，是离岸 ITO 接包企业采用软件数据处理的办法帮助跨国发包企业找到正确的价格并及时、准确了解 IT 行业前沿技术动态。同时这一方式还包括系统的解决方案，根据企业的实际情况及时、有效地提出合理的升级方案，使企业网络系统处于最佳状态。

（二）中国离岸 ITO 现状

1. 中国离岸 ITO 总体规模增长迅速

中国的 ITO 业务起步较早，当前正处于高速发展期。2007 年，中国 ITO 的业务总额达 77 亿美元，增长 23.3%。其中，市场份额最大的为系统集成，硬件产品支持与软件定制。到 2013 年，ITO 业务规模已达 311.7 亿美元，占产业总规模的 56.4%，同比增长 36.8%（见图 3.1）。中国 ITO 业务占服务外包的比重一度超过 60%。截至目前，中国已超过印度，位列全球离岸 ITO 接包国排名第一，其主要原因除了政府政策支持和人力资源优势外，还源于东软集团、数字政通等大型服务外包公司的实力及品牌效应不断壮大。目前，中国软件服务产业的整体收入额只占 GDP 的 0.2%，而在美国已达到 1.5%。因此，可以预计在未来 5 年到 10 年中，中国的软件服务产业还将继续以超过 GDP 增长的速度发展，以便达到国民经济结构的均衡状态，由此可见，中国的 ITO 业务还有很大提升空间。

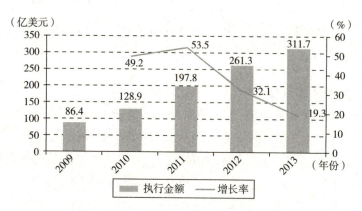

图 3.1　中国 ITO 执行金额规模增长趋势

资料来源：《2012 年中国服务外包发展报告》。

作为 ITO 的重要组成部分，中国从发展之初就十分重视离岸 ITO 的发展（见图 3.2）。中国离岸 ITO 从 2008 年的 32.1 亿美元到 2013 年已经达到 254.9 亿美元，6 年间名义收入额增长了近 7 倍。同比增长率经历了初期超过 50% 的迅速增长，近几年均超过 30%。根据 IDC 的预测，2015 年，中国离岸 ITO 市场规模将突破 400 亿美元。但是，增长率正在逐渐回落。2014 年世界总 IT 支出将达 3.8 万亿元，同比增长 3.6%（张瑞丽和刘剑，2013）[105]。世界经济的缓慢复苏和需求持续低迷将影响中国离岸 ITO 的发展，但是在国内信息化投资和信息消费需求的推动下，软件整体产业运行将在 2013 年稳中有落的基础上延续缓中趋稳态势，预计全年增速将达到 22%～25%。

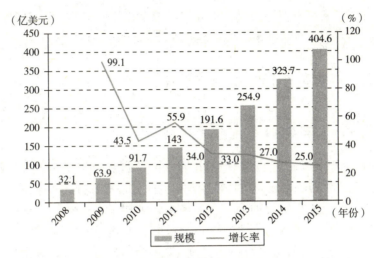

图3.2　中国离岸 ITO 市场规模趋势

资料来源：IDC 公司网站，http://www.idc.com。

2. 中国离岸 ITO 细分领域全面发展

离岸 ITO 作为发展最久的离岸服务外包细分业务，目前的服务提供方式已比较成熟，按照服务提供方式可分为产品交付和服务交付。

产品交付是指离岸 ITO 企业按照发包企业要求进行软件定制和开发，最后交付给跨国发包企业的是成型的软件产品。主要包括 CRM、ERP 等管理软件、工业软件、嵌入式软件和移动互联网端软件等应用软件的开发和维护。目前，在基础软件被国外企业垄断、短期内难以突破的背景下，应用软件成为提升中国离岸 ITO 支撑服务水平的重要落脚点。随着外部经营压力的增大，越来越多的中小企业希望通过扩大信息化程度加快转型调整，这一需求将带动离岸 ITO 更加快速地发展。例如，金山软件将应用软件作为未来发展的重点，推出了包括金山 WPS、金山背单词、金山词霸、金山快盘、金山网址大全、金山快盘、金山云等诸多移动互联网软件。此外，受到"棱镜门"等信息安全事件影响以及国家软件本土化政策带动，中国的信息安全软件也将进入加速发展期。

服务交付是指离岸 ITO 企业自行开发服务系统或者服务平台，按照跨国发包企业需要提供按需服务。2014 年，智慧城市建设进入实质推进阶段，直接拉动近 2000 亿元 IT 投资，为政务、交通、医疗、教育、城管等领域的离岸 ITO 接包企业（如数字政通、易华录、卫宁软件等）带来大额政府订单，使离岸 ITO 业务保持快速增长。

二、中国离岸 BPO 概念与现状

（一）离岸 BPO 的概念与分类

离岸商务流程外包（Offshore Business Process Outsourcing，离岸BPO）是指将跨国发包企业日常经营中的商务过程细分成不同环节和流程，并且将其中重复性的非核心商务流程外包给专业性的离岸接包企业，目的是降低成本，专注于核心竞争力的提升。离岸 BPO 的获利来源与离岸 ITO 不同，离岸 ITO 企业能够获利是因为其自身达到信息技术专业化，能够胜任信息技术的发展和维护。但离岸 BPO 企业能够获利则是源于它对所接包的商务流程专业化，并且建立在规模经济的基础之上。按照业务内容分，目前流行的离岸 BPO 业务主要包括数据处理、呼叫中心、客户服务与投诉、财务咨询服务、人力资源外包、法律咨询、物流中心和媒体公共管理等。但是，我们发现，离岸 BPO 几乎不涉及垂直行业，而是关注几乎所有行业共同的商务流程。

（二）中国离岸 BPO 现状

据 IDC 统计，2007 年中国 BPO 市场以 23.5% 的年增长率稳健攀升，市场规模达到 10.6 亿美元；到 2010 年，BPO 与 KPO 的业务规模之和为 179.10 亿美元，共同占产业总规模的 43.6%。但 IDC 分析认为，和国际成熟市场相比，目前中国 BPO 市场仍然处于发展的初期阶段。根据图 3.3 显示，BPO 增长率在 2012 年达到最高，为 48.3%，到 2013 年回落到 34.6%。

从国际发包市场上来看，北美的离岸 BPO 占主导地位；英国一些公司在采用离岸 BPO 方面有较快的发展；亚太地区是离岸 BPO 增长最快的市场。美欧及日本发包的离岸 BPO 总量占全球的 95%。离岸 BPO 的市场潜力高于离岸 ITO，因为后者主要服务于 IT 投资较大的行业与企业，如金融、电信、电子制造等行业。而离岸 BPO 适用于所有行业。另外在企业支出中，运营维护、行政管理、数据录入等业务支出要高于 IT 相关工作。

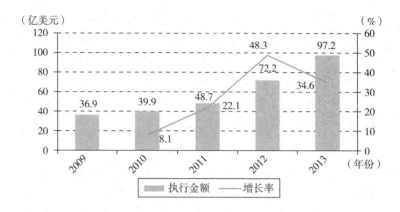

图 3.3　中国 BPO 执行金额规模增长趋势①

资料来源：《2012 年中国服务外包发展报告》。

三、中国离岸 KPO 概念与现状

（一）离岸 KPO 的概念与分类

离岸知识流程外包（Offshore Knowledge Process Outsourcing，离岸 KPO）被誉为离岸 BPO 的升级版和高智能延续。两者的共性在于都是将企业商业流程的一部分外包给离岸接包企业，与传统的离岸 BPO 不同，离岸 KPO 是指接包企业具备高度的垂直行业专业化技能，并且在熟练掌握信息技术的基础上，能够对跨国发包企业的核心业务流程进行数据分析、逻辑重建以及流程再造，从而帮助发包企业重新整合业务流程，提升核心竞争力。离岸 KPO 企业往往具备强大的数据分析能力，能够调取全球专业数据库并获取最新的垂直行业信息，再经过熟知该垂直行业业务流程的分析人员进行数据提取、问题分析以及综合判断，找到发包企业核心业务流程中需要进一步改造的部分，并与发包企业共同研究流程再造的具体实施办法。

与传统的离岸 BPO 相比，离岸 KPO 具有两个鲜明特点：首先，离岸 KPO 明显处于服务外包链更高端，原因在于它不仅是承接跨国发包企业的非核心业务，利用规模经济效应来获得利益，还直接参与发包企

---

① 由于无法获得相关中国离岸 BPO 的数据，故用中国 BPO 总体数据代替。

业的核心业务，运用高端的数据分析技能和专业化判断来帮助发包企业改进核心业务效率，提升利润空间，从而具备极高的附加值。其次，离岸 KPO 关注垂直行业需求，针对垂直行业的流程特征进行信息化再造和重组。因此，离岸 KPO 按照垂直行业可分为制造业外包、金融外包、电信外包、电子政务外包、医疗外包、汽车外包和智能交通外包等。

（二）中国离岸 KPO 现状

2009 年以来，中国离岸 KPO 取得快速发展。根据图 3.4 显示，中国 KPO 从 2009～2013 年经历了突飞猛进的增长，从 2009 年执行金额12.2 亿美元到 2013 年飙升了近 20 倍，达到 214.5 亿美元，产值直逼ITO。其中，2010 年和 2011 年两年的增长速度最快，均超过了 100%，尤其是 2011 年执行金额规模竟然增长了 2 倍多，而就在该年，KPO 规模超过了 BPO，成为服务外包的第二大细分业务，说明高端服务外包业务的需求巨大，垂直行业的业务优化市场前景广阔。从 KPO 以 2 倍于ITO 的速度发展的趋势来看，KPO 大有赶超 ITO 的趋势。

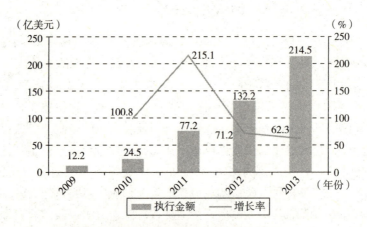

图 3.4　中国 KPO 执行金额规模增长趋势①

资料来源：《2012 年中国服务外包发展报告》。

从图 3.5 可以看出，2009～2013 年，离岸 ITO、离岸 BPO 和离岸KPO 三者的比重发生了显著改变。首先，离岸 ITO 比重逐渐下降。离岸

———————

① 由于无法获得相关中国离岸 KPO 的数据，故用中国 KPO 总体数据代替。

ITO 的比重从 63.8% 下降到 50%，由于离岸 ITO 的年均增长率低于离岸 BPO 和离岸 KPO，因此可以预见在近几年，离岸 ITO 的比重还将进一步下降。由于离岸 ITO 在离岸服务外包中属于发展初期的低端业务类型，所以可以看出，中国离岸服务外包正在向产业高端爬升。其次，离岸 BPO 比重也在逐渐降低。与离岸 ITO 类似，离岸 BPO 的比重从 2009 年的 27.2% 下降到 2013 年的 15.6%。这一趋势表明，中国离岸服务外包的主流方向并非简单承接发包企业非核心业务的各种辅助性流程，离岸 BPO 作为利润率较低的服务外包细分业务来说，正处于发展空间被挤占的地位。最后，离岸 KPO 比重上升显著。从 2009 年的 9% 迅速攀升到 2013 年的 34.4%，离岸 KPO 比重增长了近 5 倍，同时值得注意的是，2013 年，离岸 KPO 的增长速度是离岸 ITO 的 3 倍多，是离岸 BPO 的 2 倍，因此，可以预见在未来几年，离岸 KPO 所占服务外包的比重必将进一步上升，很有可能超过离岸 ITO 成为离岸服务外包的第一大细分业务。这一变化是激动人心的，因为无论是从技术发展趋势还是从利润空间来看，离岸 KPO 都代表着服务外包的发展方向。这一趋势反映出中国离岸服务外包正逐步从产业链的中低端向生物医药研发、金融后台、技术研发、工业设计、检验检测等高端业务拓展。随着垂直行业流程再造需求的不断提升，离岸 KPO 的前景将越来越广阔。

图 3.5　ITO、BPO 和 KPO 比重变化趋势

资料来源：根据《2012 年中国服务外包发展报告》的数据计算得到。

第二节　中国离岸服务外包业务结构问题与变化趋势

一、中国离岸服务外包业务结构方面存在的问题

在经历了 2006～2012 年的高速发展之后，中国离岸服务外包迎来了调整期。截至 2013 年上半年，中国离岸服务外包经历了高速发展以来最沉重的打击。虽然在 2013 年 1～6 月里，中国离岸服务外包合同承接金额及执行金额均维持了 40% 左右的同比增长率，但是复合增长率已骤降至 5%。从区域层面上看，如大连市一直是中国服务外包发展的标杆，是面向日、韩市场输送离岸服务外包的口岸城市，2012 年更是建成国内首个千亿元规模的软件与外包产业集群。但自 2011 年开始离岸服务外包规模持续扩展乏力，2013 年初以来对日离岸服务外包业务又受到日元大幅度贬值等外部因素影响，利润大幅缩水，导致部分承接对日离岸 ITO 的企业资金链紧张，不得不削减成本，同时将业务转向国内市场（赛迪顾问，2011）[106]。从企业层面上看，部分曾经以高速增长闻名的中国离岸服务外包领军企业接连无法实现预期收益，有的企业甚至爆出大额亏损，引发股价震荡，其中以文思海辉、软通动力为首的海外上市离岸服务外包企业先后接受了退市私有化，离岸服务外包进入转折期。

部分学者（郁德强、王燕妮和李华，2012）[107] 将中国离岸服务外包遭遇的困境归为 2008 年世界金融危机以来的世界经济萧条、复苏迟缓。但从 2008 年傲人的复合增长率来看，金融危机造成的国际需求整体萎缩是造成中国离岸服务外包企业面临困境的重要原因，但并非根本原因。实际上，中国离岸服务外包长期处于全球价值链低端造成的利润率低下、企业运营及管理成本上升以及粗放的发展方式无法满足客户高端需求等因素成为制约中国离岸服务外包顺利转型与升级的"瓶颈"。

（一）整体产业处于全球价值链低端，利润率低下

2012 年以来，中国企业承接离岸服务外包合同金额增势放缓，更为显著的是产业利润率持续下降，出现"增收不增利"的困境，其根

本原因来源于中国离岸服务外包核心竞争力的缺失。2011～2012年，尽管离岸服务外包企业竭尽所能控制成本，产业整体的平均净利润率还是从20%～25%迅速下滑至5%～10%。截至2013年，中国ITO企业共有1.6万余家，只有10家左右的大型企业能够达到25%的毛利率，而在相同统计口径下，印度有80家以上的ITO企业可以达到30%～50%的毛利率[108]。

从另一个维度考虑，衡量离岸服务外包企业实力提升的标尺，并非完全依赖总收入增长或人员规模的高速扩张等总量指标，也应当重点考察能否实现人均销售收入等单位指标的快速提高。以中国离岸ITO产业为例，在平均人工成本上涨5%～7%的情况下，人均年收入在过去8年内都没有上涨，仅2.5万美元左右。而与中国企业相比，印度离岸服务外包企业在规模成长的同时，价值也不断增长。2012年，印度离岸服务外包营业收入的增长速度大约是人员扩张速度的2倍，人均年收入为5万～7万美元。以印度最大的资讯科技企业Tata Consultancy Services（TCS）为例，同年该企业员工总数为24万人，共创造了160多亿美元的年营业收入，人均收入达6万多美元（鼎韬咨询，2011）[109]。

（二）企业运营及管理成本高，原有低成本优势不复存在

在中国离岸服务外包高速发展的十多年间，离岸服务外包企业的经营模式基本上是通过雇用大量劳动成本较低的软件技术人员及服务人员，通过低成本优势获取发包企业订单。这种低成本战略支撑了中国离岸服务外包的腾飞，终于引领中国离岸服务外包规模跃居世界第二。但是，从2010年开始，随着近3年来人工费用刚性成本、办公费用等快速上涨——其中人力成本以每年10%～15%的速度上升——以及税金增长等因素，本已较低的利润水平已经难以有调整空间，低成本模式已难以为继。工信部发布《2012年中国信息技术外包产业发展报告》称，离岸ITO企业的人力成本占公司总成本的60%～70%甚至更高[110]。根据该报告测算，如果人力成本上涨5%，那么离岸ITO企业净利润率将下降1.5%～2%，这将直接导致产业盈利能力下降。

除上述因素之外，离岸服务外包企业更是面临人民币持续升值、汇率成本大幅增加等政策因素的压力，从2013年开始，承接日本离岸服务外包的企业还同时面对日元大幅贬值的不利局面。众所周知，支撑离

岸服务外包业务发展的重要因素在于企业与国外客户的接洽与沟通能力。因此，早期众多离岸服务外包企业均选择一线城市的核心商业区作为办公地点，以便更好地与国外客户进行对接。但如今，部分企业（如软通动力、电讯盈科等）开始进行战略转移，采用一线城市接包，二、三线城市执行的方式来降低运营成本。因为二、三线城市的人力资源成本和房屋租金成本较一线城市等发达地区均有较大减少。同时，由于二、三线城市从业人员流动性较发达地区更低，能够有效保证订单按期完成，也从另一方面降低了人力成本。

（三）粗放的发展方式无法满足高端客户定制化需求

长期以来，中国离岸服务外包走了一条成为跨国发包企业成本中心的发展道路，众多离岸服务外包企业的运营目标就是为欧美大客户降低其运营成本。这一发展模式可以在短期之内通过自身成本优势换取产业初步发展，但是长期来看，将导致产业核心竞争力始终缺失。当今离岸服务外包的发展趋势正朝着云计算、大数据、移动互联网等新技术迅速前进，国际大型IT企业早已开始在全球布局，数据逐渐成为与人力和资本等要素并驾齐驱的新的资源要素。跨国发包企业的需求逐渐从低成本转向高附加值，同时要求能够深入产业提出有效的核心业务解决方案，或者帮助企业进行流程创新和改造等。面对这些高端需求，以人计价的交付模式已经无法维系离岸服务外包企业与大客户的战略伙伴关系。而目前多数中国离岸服务外包企业仍采用粗放散漫的接包企业式，未关注发包企业个性化和定制化的服务需求，因此也无法完成由成本中心升级为利润中心的转型。同时，与印度成熟的离岸服务外包模式相比，中国离岸服务外包还存在知识产权保护体制不完善和专业人才培养机制不够健全等客观现状带来的隐患。

在上述三方面因素的影响下，再加上世界经济危机引发的发达国家贸易壁垒，保护当地就业导致发包企业订单回撤至本土等非经济因素的影响，中国离岸服务外包结构转型与升级已经迫在眉睫。如何形成并巩固价值链租金，在全球化分工中提升产业核心价值？如何进一步降低人员工资、办公费用等运营成本，在激烈的市场竞争中保持战略优势？如何弥补自身短板，与印度等成熟的服务外包企业争夺高端客户资源，中国离岸服务外包企业急需发掘一种全新模式来带动整体产业升级。在此背景下，离岸云外包应运而生。

二、中国离岸服务外包业务结构变化趋势

离岸云外包（cloud-powered outsourcing），是指基于云计算数据资源、云平台以及相关基础架构和应用技术的离岸服务外包模式。"云"是当今 IT 产业最热的名词，是指大型服务器集群，是一种可以自我管理和维护的虚拟计算资源，包括计算服务器、存储服务器和宽带资源等。云计算（cloud computing）建立在分布式处理技术、并行处理技术和网格计算技术发展的基础上，是一种通过使计算分布在大量分布式计算机上或远程服务器中、按照互联网运作模式将资源切换到所需要的应用上，并根据需求访问计算机和存储系统的网络资源共享使用模式。由于采用了先进的计算技术，云计算能够用极其低廉的成本将提供商的计算资源汇集到资源池中，使用多租户模式，按照用户需要，将不同的物理和虚拟资源动态地分配或再分配给多个客户使用。这种计算能力通过云端服务器提供，经由网络输送，客户按照接受服务的量为单位付费，十分方便快捷。

离岸云外包的核心是离岸服务外包企业自身建设或者租用 IT 公司成型的云计算平台，将离岸服务外包的传统流程进行标准化、模块化和流程化，再将这些流程集成到云集算平台上，在云端数据库里统一进行处理。这样，离岸 ITO 与离岸 BPO 的交付越来越趋近于供应链的一环，客户对发包出去的服务管理模式也将从"订单式"转变成"供应链式"。即时获取（Just-In-Time）、按使用收费（Pay-As-You-Go）等精细生产模式将应用到离岸服务外包的服务提供过程中（鼎韬咨询，2011）[109]。离岸服务外包企业也将从现在收入与人员规模成正比的线性收入增长模式向与服务能力成正比的模式转型。其中，离岸云外包的巨大优势主要体现在以下两个方面：

（一）提高价值链的技术租金，实现垂直产业精细化服务

云计算在离岸服务外包发展之中得到普及之后，这一成本低廉又能高效满足服务需求的技术将大大提高离岸服务外包的技术租金，急剧扩大离岸云外包企业与传统离岸服务外包企业的利润差异，同时创造全新

的商业模式。现在离岸服务外包模式是以人力计服务，能提供的服务数量与员工人数成正比。实行云计算后，超大规模的"云"将带来前所未有的计算能力。通过云端传输服务的做法使得客户无论在世界各个角落，均能使用各种终端从网络获取服务。因此，根据长尾理论，网络服务可以以极低的成本发掘众多中小客户的潜在需求，服务可以便捷地从云端输送到世界任何一个角落，从而大大扩充了服务外包的需求，使产业规模出现质的飞跃。另外，云使用数据多副本容错，计算节点同构可互换等领先的计算方法，使数据处理效率大大提高，将传统离岸服务外包企业从繁冗的数据归纳和处理中解脱出来，将更多精力放在如何为客户提供更加个性化、附加值更高的服务，从传统产业着眼于大额订单或低端服务升级为解决客户垂直行业内的深层需求，为客户提供更加精细的服务。

（二）降低技术成本及服务成本，高效处理海量服务需求

离岸云外包模式能同时降低离岸服务外包企业的技术成本和服务成本。首先，在技术成本方面，云计算先进的特殊容错措施以及可互换的同构节点，大大缩减了建立"云"的成本，同时，"云"的自动化管理使得原本庞大的数据中心运营成本大幅降低。部分大型IT企业选择将"云"建立在电力资源丰富的地区，进而大幅降低能源成本，因此相比传统离岸服务外包模式，离岸云外包具有前所未有的性能价格比。

其次，离岸服务外包企业服务成本的降低也是离岸云外包商业价值的直接体现。服务成本包括管理成本和应用成本，管理成本主要表现为对企业数据库资源的安全管理和升级维护，应用成本主要体现在离岸ITO企业为客户开发管理系统和其他应用软件上。通过将客户的数据资源存放在云端，由离岸云外包企业负责管理这些资源，并且在云平台统一的计算系统中进行定制软件的开发，能够为外包企业节省大量费用。同时，通过采用离岸云外包服务模式，企业只需要花费很少成本在维护及升级资源上，同时可以节省大量投入在基础设施建设及基础服务人员培养上的成本。

三、中国离岸服务外包结构升级的价值链模式与路径

全球价值链（Global Value Chain，GVC）是一种全球性跨企业的网

络组织，包括产品或服务生产、销售、回收处理的全过程，对从原料采购、跨境运输、产品或服务生产和分销、进行消费和回收利用的流程进行全球布局和最佳成本控制（UNIDO，2002）[111]。价值链的主要环节包括技术研发、产品设计、产品生产、营销及售后服务等，其中产品研发设计及销售是处于价值链高端的业务环节。

　　基于 Humphrey 和 Schmitz（2002）[112]全球价值链升级模式，离岸云外包是离岸服务外包在全球价值链理论框架下的又一次飞跃式发展。如图3.6所示，离岸服务外包的发展共经历了从1.0时代到3.0时代三个阶段。离岸服务外包1.0时代的关键词是低成本。从低端的离岸 ITO，如测试编码、数据处理、呼叫中心等业务起步，充分利用自身人力成本低的优势，通过拓展离岸服务外包低端业务来扩大市场份额。从离岸服务外包起步到1.0时代的升级模式被称为产品升级，即在专业化分工和规模经济理论指导下出现了离岸服务外包来使企业业务流程的成本降低、效率提高。目前，绝大多数中国离岸服务外包企业处在这一阶段。

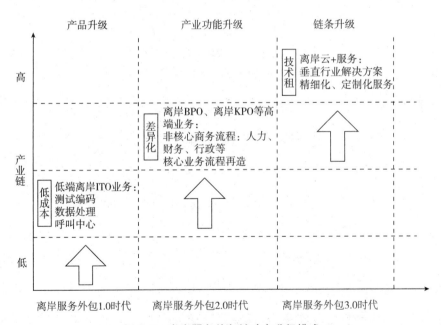

图3.6　离岸服务外包链动态升级模式

　　离岸服务外包2.0时代的关键词是差异化。在经历了同质化严重的低端外包业务发展时期之后，在国内竞争中胜出并成功形成规模经济的大型离岸服务外包企业逐渐通过专业服务型、技术拓展型或自主创新型三种升级模式（邓春平和徐登峰，2010）[113]进行差异化竞争，提升核心价值，沿着价值链向高端环节升级。从离岸服务外包 1.0 时代过渡到 2.0 时代的升级模式被称为产业功能升级，即通过重组价值链中某些环节，或从现有低附加值环节转移到高附加值环节来完成升级。目前发达国家的高端离岸接包企业和中国离岸服务外包内少数领军企业（如东软集团等）处在这一产业阶段。

离岸服务外包 3.0 时代的关键词是技术租。即绝大部分传统离岸服务外包业务中的数据处理和简单流程服务正在以雷霆之势被一种全新技术——云计算所取代，云计算由于其强大的数据处理优势和服务便捷性成为产业租金的终极来源，低端服务外包的利润正在无可挽回地被云计算开发商所占领，离岸服务外包面临着全面洗牌。从离岸服务外包 2.0 时代过渡到 3.0 时代的升级模式被称为链条升级，即原有产业链上的某些环节被全新的一种技术或模式所取代，从而带动整条产业链上的知识和能力转移到另一条价值量更高的价值链的升级方式。

下面分别从传统离岸服务外包的细分市场离岸 ITO、离岸 BPO 及离岸 KPO 各自特点来探讨传统离岸服务外包升级为离岸云外包的路径（见表 3.1）。

表 3.1　　　　　　　　传统服务外包升级为云外包的路径

云外包模式	SaaS	PaaS	IaaS
具体业务内容	为核心及非核心业务提供服务	软件开发 软件测试 软件支持服务	基于特定 IT 基础设施进行平台开发、应用部署
传统外包模式	离岸 BPO 离岸 KPO	离岸软件外包服务	离岸 IT 基础设施服务
		离岸 ITO	

（一）传统离岸 BPO、离岸 KPO 服务转变为"软件即服务"SaaS 模式

在离岸云外包模式下，离岸 BPO 及离岸 KPO 将转变为新型的软件即

服务（Software as a Service，SaaS）模式，形成 SaaS 模式下的云服务，以标准化、模块化、流程化的云平台为基础，为客户提供统一和即需即用式的无缝服务。SaaS 模式是指离岸服务外包企业通过 Internet 提供软件应用服务的模式。离岸云外包企业将应用软件部署在自己或者 IT 公司提供的云端服务器上，跨国发包企业则根据自身需求，通过网络向云外包企业购买所需的服务，并依据购买量大小和时间长短向外包企业支付费用，并直接通过网络获取服务。获取方式由传统的购买或共同开发软件转变为租用基于云平台的定制软件，即租即用，且无须对软件进行维护，离岸云外包企业负责全权管理和维护这些定制软件，同时也提供软件的离线操作和本地数据存储，让客户随时随地都可以使用其订购的软件和服务。

Google 是积极推进 SaaS 模式的先行者。其中，Google Docs 就是云计算的一种重要应用，客户可以通过网络浏览器直接访问远端的大规模存储与计算服务器。Google 的一系列新型网络应用程序就建立在这一大型云计算基础设施之上。由于采用了最先进的异步网络数据传输的 Web 2.0 技术，这些应用程序给客户带来了全新的界面感受以及强大的多用户交互服务。印度外包四巨头之一的 Infosys 是在离岸服务外包产业推行云计算技术的先驱者，2008 年就推出了混合云 – BPO 服务模式，成为大型跨国离岸服务外包企业开始离岸云外包实践的标志。2012 年又推行云生态系统中心，为客户建立统一的云环境企业网关来管理这一混合云系统，以便解决客户使用分散云环境所面临的复杂技术难题。这一云生态系统带来的直接利益就是为客户缩短 40% 的云服务使用时间，提高 20% 的生产力和节约其 30% 的外包成本[114]。

（二）传统离岸软件外包服务转变为"平台即服务"PaaS 模式

传统离岸 ITO 包括软件外包服务和 IT 基础设施服务。其中，离岸软件外包服务是指跨国发包企业为了降低软件部门成本，撤销或仅保留少量软件业务，而将软件部门的全部或部分业务转移给离岸接包企业，其中包括软件开发、软件测试、软件支持服务等内容。这一传统方式逐渐将由平台即服务（PaaS）模式所取代，离岸服务外包企业通过统一的云应用程序的开发及部署平台，进行内部开发、测试或与客户协同开发。平台即服务（Platform as a Service，PaaS）是指向跨国发包企业提供服务的内容是软件研发平台本身，并将服务平台以 SaaS 的模式提供给客户的服务交付形式。这一模式旨在由离岸云外包企业来提供客户进行定制化软件研发的中间平台，同时涵盖数据库和应用服务器等，进行个性化服务开发和定制，并且这一业务也面向软件外包需求企业和 SaaS 服务提供企业开展。从这一层面出发，PaaS 也是 SaaS 模式的一种应用，并同时推动 SaaS 更快速发展。PaaS 模式是大型 SaaS 模式和"云平台"的全新组合，是软件开发平台和 ITO 产业的一次根本性变革，将引发服务外包重新洗牌——原本由软件外包客户的 IT 部门设计、部署平台和管理项目进度、离岸服务外包企业开发和执行的 IT 外包模式转变为由客户规划和设计，云外包企业提供研发平台并进行管理、自行开发或与客户共同开发的 IT 解决方案。

2008 年，Google 发布的 PaaS 服务 Google App Engine 是一整套基于分布式并行集群计算方式的基础架构，用于处理集群中节点失效问题，这一平台就是典型的"云平台"。但是，Google 仅为自己发布在互联网上的应用提供该平台服务，而独立开发企业无法在这个平台上进行软件开发。几乎在同一时间，总是扮演产业标准制定者的 IBM 推出了号称"改变游戏规则"的"蓝云"计算平台，支持开放标准和源代码开放的软件，为客户提供即买即用的平台服务。Amazon 著名的云服务平台 Amazon Web Services（AWS）也是该模式的代表，Amazon 拥有大规模集群计算的平台，并将弹性云计算技术布置在该平台上，客户直接登录弹性计算云的登录口，自行操作云平台上的应用软件，并按照平台的使用时间来计费，当退出登录之后计费也同时终止（鼎韬咨询，2011）[109]。

（三）传统的离岸 IT 基础设施服务转变为"基础架构即服务"IaaS 模式

传统的离岸 IT 基础设施服务主要是指基于特定 IT 基础设施进行平台开发、应用部署，这些基础设施包括网络系统、主机系统、存储/备份系统、终端系统、安全系统、机房动力及环境等。提供该服务的服务外包企业将自己定位为客户的"虚拟资源管理部门"，服务内容主要包括基于基础架构的平台和应用开发，基础架构的监控、日常维护、维修保障和安全管理等。

而在离岸云外包模式下，这一传统离岸 ITO 服务内容将转变为基础架构即服务（Infrastructure as a Service，IaaS）模式下的云服务。即将服务器、存储和网络硬件以及基于硬件的 IT 服务作为服务外包的内容提供给客户，客户可以自由使用所有设施，包括处理、存储、网络和其他基本的计算资源，并且在这些设施上部署和运行任意软件，包括操作平台和应用程序。在这一模式下，ITO 也将重新定位为 ITCO（IT Cloud Outsourcing）。从另一个角度来看，IaaS（基础架构即服务）类似于托管，就是客户向服务外包企业租赁 IT 基础设施，包括服务器、存储等硬件环境，并将自己现成的应用系统、软件等托管于其上。

Amazon 著名的弹性计算云（EC2）就是这种基础架构服务的典型代表，它是一种公共服务器池，Amazon 将它与简单存储服务（S3）进行捆绑，共同为企业提供服务器计算和存储服务。而美国国家航空航天局 NASA 和 Rackspace 共同开发的云计算平台 OPENStack 也是一个自由软件和开放源代码的 IaaS 基础架构，可以让任何客户都能自行建立和使用云端运算服务，其主要目的是通过将云平台建立在该公共基础架构之上，来简化云的部署过程并带来良好的可扩展性。

四、中国离岸云外包发展面临的问题与未来走向

离岸云外包因其引领生产力发展方向的强大技术优势而势必引起传统离岸服务外包的革命，但是我们必须看到，云计算仍处于发展的初期，需要进一步完善。因此，离岸云外包也面临以下问题和对应的发展方向：

（一）中国离岸云外包的价值链分配问题与未来走向

随着云计算技术日新月异的发展，外界对传统离岸服务外包提出质疑，认为云计算带来的数据资源已成为新的生产要素，甚至可能出现大型软件厂商直接通过云计算资源和云平台等工具来满足客户数据处理的需求，从而使得传统离岸服务外包面临过时的风险。从数据处理效率上看，云计算的确简化了 IT 和业务流程服务领域的某些环节，许多传统外包服务项目变得唾手可得、异常简单。但是，并非所有的外包项目都可以用简单的数据处理和标准化软件代替，客户高端需求中的许多个性化服务和定制化流程并不能单纯通过强大的计算能力实现，尤其是传统

KPO 范畴内的产业流程改造需求，在新的云环境下只能由既熟悉垂直行业业务流程又具有强大计算资源的离岸云外包企业才能完成。同时云计算使得原本相对简单的局域网服务器变成动态虚拟资源的云平台和云环境，使企业的 CIO 面临更加复杂的 IT 环境，也需要由熟悉企业需求的离岸云外包企业来进行更加精细的服务。

由此可见，离岸服务外包将面临价值链环节的全面重组。仅仅依靠低成本低利润战略存活的中小企业将被边缘化甚至淘汰，少数掌握垂直行业核心业务技能的价值链高端企业将继续生存并发展，离岸服务外包的业务板块将更加细分，并持续向垂直行业的精细需求无限延伸。届时，离岸服务外包将逐渐分离成两大部分，即一部分大型服务外包企业（如 Infosys 等外包产业领军企业）将致力于掌握云计算基础资源，通过建造并升级基于云计算的多客户数据中心以降低自身基础设施成本、提高服务配置速度，将云服务嵌入自己更广泛的外包产品中并且使自己成为全方位云外包服务提供商。而另一部分没有能力自行开发云计算的离岸服务外包企业则必须通过与拥有云计算数据资源的 IT 企业结成战略同盟，获取云计算资源或云平台，并创造基于该资源的定制服务，即形成离岸云＋服务的组合，致力于提升自己在垂直行业的服务方案解决能力，为企业提供更加高端和精细的服务，以便在全新的技术条件下继续发展。

（二）中国离岸云外包的信息安全问题与未来走向

从移动互联网发展来看，以智能手机、平板电脑为终端的移动计算，正在从个人消费市场逐步向企业应用市场推进。随着智能手机等移动终端的飞速增长，移动互联网日益普及，催生了各类移动应用的诞生，与此同时新的安全威胁也随之而来。如手机病毒会导致用户手机中的信息被窃、资料被删、局部网络通信瘫痪，甚至还会损毁 SIM 卡、芯片等手机硬件，使得移动互联网时代面临更多新的安全挑战。

从云计算发展来看，一方面，云计算环境下数据位置不清楚、数据隔离不清晰给信息安全防护带来一定难度。数据之间没有清晰的隔离边界，采用多租户等技术或数据加密服务将用户数据进行隔离。若采用的隔离技术不过关或加密系统出现问题，用户数据的安全将受到严峻挑战。同时，云计算环境下的网络结构和协议使得一些传统的信息安全产品无法适用。

根据 Gartner（2013）[115]的统计，截至 2012 年，只有 3% 的全球大型跨国企业将 IT 系统建立在云计算技术之上，由此证明，对云计算概念的憧憬和热度开始转向落地和实践阶段。对于离岸云外包客户来说，安全问题始终是最重要的问题之一。使用传统的专用虚拟网（VPN）技术意味着只有少数服务器能与互联网取得连接，而云计算的原理在于云平台内的大量服务器均可与互联网连接，使得匿名攻击者可以同管理人员或客户一样对云资源进行访问，受攻击面扩大。尤其是在基于 IaaS 的云中，客户数据资源统一储存在共同存储器中，恶意攻击或松懈管理都可能对数字安全造成挑战。根据 Coase（1937）[29]提出的交易成本理论，由于企业间的契约条款永远无法达到巨细靡遗，因此必然导致各自出现机会主义行为，那么客户关注云计算处理的数据是否会泄露，很可能引发离岸云外包企业的诚信危机。或者说客户出于解放和优化自身 IT 资源的目的，将 IT 应用的部分流程外包给离岸云外包企业，但另一方面，离岸云外包企业出于自身商业机密和安全性的考虑，却无法将云计算的关键信息全面呈现给它们的发包企业。这一情况的本质是信息不对称问题。

目前，安全问题的解决方案有以下几个方面：第一，相对于在整个开放的公有网络中提供免费或廉价服务的公有云来说，基于单独客户需求设立、可部署在企业防火墙内的私有云在保护企业核心数字资产上的优势巨大，最近提出的"离岸云服务 + 智能终端"部署方法，能够极大地提高离岸云外包企业及其客户在协同设计、研发等领域的安全和便捷程度。但这一方法的弊端在于并非所有的企业适合建私有云，并且目前云计算产业标准仍旧空白，自建的私有云一旦与未来产业标准不兼容，将面临升级换代的压力。第二，加强云管理中动态密钥的使用。第一代云计算技术中，所有终端用户在其数据库中具有单独账号，在每个注册账号的网站上都必须登录才可进入，但云端具有远程和动态性特点，让客户为每项服务均注册并登录账号是不切实际的。因此，部署在云资源中的应用软件的边界可动态变化，当它在云资源中随机迁移时，信息安全方案必须能实现按需安全。由于在动态的云中存储和传送数据时，应当始终加密数据，因此需要设置动态的客户对称密钥。这一技术将是未来云计算的主攻方向。

(三) 中国离岸云外包企业的技术薄弱现状与未来走向

2013 年，微软、IBM、甲骨文等国外巨头为使公有云服务在中国落地而开展了实质性工作。其中，微软的云服务平台 Azure 通过世纪互联公司将公有云正式落地中国；IBM 公司与首都在线通过运用 IBM Pureflex 等最新技术，共同构建公有云平台，将公有云布局中国；甲骨文公司积极加大在中国区的投入，当前已经建立了包括北京、苏州、深圳、上海在内的四大研发中心，并且加速向云计算转型，主攻方向是云计算、大数据和商业智能。随着国外巨头的强势进入，使中国云计算发展面临市场份额流失、云计算自主发展难度增大和相关安全风险加大等挑战。

同时，IBM、甲骨文、SAP 等国外巨头凭借自身的体系化优势，加速布局中国大数据市场。云计算、大数据作为战略性新兴产业的重要组成部分，具有广泛而强大的影响力，几乎涉及包括硬件、软件、信息技术服务等在内的整个电子信息产业体系。因此，国外巨头在云计算、大数据领域的强势进入，势必会影响中国 IT 行业的整体发展，将延续"强者恒强，弱者恒弱"的落后局面。

而中国 IT 企业和离岸服务外包企业在云计算等新兴领域的关键技术薄弱，与国外差距较大，核心专利数量少，缺乏自主知识产权的核心产品。企业研发投入整体水平偏低，技术创新与产业化结合不足，多处于产业链和价值链低端。如何在新兴技术发展初期抢滩布局，成为中国离岸服务外包升级的重要课题。

第三节　离岸云外包业务结构的研究设计

一、理论基础

为了分析离岸云外包业务结构对企业绩效所产生的影响，本书引入 SCP 范式对两者关系进行分析。SCP 范式是以 Mason 和 Bain 为代表的哈佛学派建立的，是对市场结构（structure）、市场行为（conduct）和市场绩效（performance）的简称[116]。其中，市场结构是指对市场内竞争程度及价格形成具有战略性影响的市场特征；市场行为是指企业在市场中为获利或提高市场占有率所采取的战略性行动；而市场绩效则是对企业实现特定目标程度的评价。

SCP 范式认为结构、行为和绩效之间存在因果关系，即市场结构（structure）决定市场行为（conduct），市场行为（conduct）决定市场绩效（performance）[117]。这是一个既有环节又有系统逻辑体系的分析模型，虽然后来有学者曾对其进行修正，但 SCP 范式仍是目前使用最为广泛的分析范式。

二、研究假设

（一）市场结构

1. 垂直业务

传统的 SCP 范式界定的市场结构往往包括市场集中度、市场进入及退出壁垒，这一界定方式更加适用于制造业等传统行业。而对于离岸云外包这样的新兴服务业来说，其市场结构更大程度是在技术创新的趋势下，由产业价值链的流程改造程度及效率决定的。李海舰和魏恒（2007）[118]从产品内分工层面对市场结构进行了重新界定，他们在传统二维的市场结构概念中加入了产业价值链的维度，认为从产业价值链视角出发，根据最终产品或服务生产过程分工的深度和广度，既定产业将形成若干相互联系的最终产品和中间品市场。这一概念的提出丰富了市场结构的外延，即形成了三维立体的市场结构。本书沿用这一界定，将中国离岸云外包的市场结构做以下定义：根据云计算等相关技术研发与创新的程度，离岸云外包市场被分化为产业价值链进化过程中的多个业务环节，这些业务环节之间从技术发展上看是纵向递进的，它们共同构成了离岸云外包在产业价值链维度下的市场结构。

2. 产品差异化

产品差别化指企业在为客户提供产品或服务时所采用的多种经营策略，使消费者感知到该企业产品或服务的独特之处，并将该企业与其他同类企业产品或服务区分开来，进而形成顾客偏好与忠诚，使企业在市场竞争中获得一定优势。对于离岸服务外包企业来说，其产品差别化主要是指为客户提供服务的技术差别、个性化服务或对跨国发包企业进行流程改造的程度和效果等。

（二）市场行为

一般企业的市场行为包括价格行为和非价格行为。对于离岸云外包企业来说，其收费方式较为固定，即按照发包企业对从云平台上获得的服务量来按需收费或计时收费。因此，本书主要关注离岸云外包企业的非价格行为，主要包括产品策略和推广策略。

1. 产品策略

产品策略是直接由市场结构中的产品差异化决定的。夏大慰和罗云辉，（2001）[119] 用 Hotelling 模型论证了产品差异化和价格竞争的关系，发现产品差异化是缓解企业间价格竞争、提高企业市场竞争力的有效途径，因此，产品策略与市场绩效密切相关。而离岸云外包企业的产品即其在云计算等技术支持下提供给跨国发包企业的服务，因此，其产品策略主要体现在新技术与新型服务的研究与创新上。

2. 推广策略

与一般企业一样，推广策略是离岸云外包企业市场行为的重要环节。由于云计算作为新兴技术，其市场接受度和客户认可度仍有待提高，因此，产品推广策略对离岸云外包企业来说尤为重要。通常来说，广告投入是企业经常采用的一种非价格竞争方式，本书沿用这一推广方式作为市场行为的内涵之一。

（三）市场绩效

企业的市场绩效往往通过企业的财务指标体系来度量，主要包括以下五个方面的能力：（1）偿债能力。这一指标是指企业偿还到期债务的承受能力或保证程度，包括偿还短期债务和长期债务的能力。（2）营运能力。这一指标是指企业的经营运行能力，即企业运用各项资产以赚取利润的能力。这些比率揭示了企业资金运营周转的情况，反映了企业对经济资源管理、运用的效率高低。（3）盈利能力。这一指标是指企业获取利润的能力，也称为企业的资金或资本增值能力，通常表现为一定时期内企业收益数额的多少及其水平的高低。（4）现金流量能力。这一指标是用来衡量企业经营状况是否良好，是否有足够的现金偿还债务，资产的变现能力等。（5）发展能力。这一指标是指企业扩大规模、壮大实力的潜在能力。

综合上述分析，本书提出以下假设：

H3 - 1：离岸云外包产业价值链维度下的市场结构与离岸云外包企业市场绩效显著正相关；

H3 - 2：离岸云外包企业产品策略与离岸云外包企业市场绩效显著正相关；

H3 - 3：离岸云外包企业推广策略与离岸云外包企业市场绩效显著正相关。

第四节　中国离岸云外包业务结构的实证分析

一、变量体系

（一）因变量

本书主要研究离岸云外包企业[①]的市场绩效，由于市场绩效包括五大类企业财务指标，因此拟采用因子分析法得到的离岸云外包企业市场绩效得分（F）[②] 作为因变量。采用因子分析法对企业主要财务指标进行降维，从而用六个因子解释企业财务比率，再由此加权获得企业的绩效得分，能够全面反映企业的长期经营状况。

---

① 目前尚无离岸云外包宏观层面或产业层面的数据，因此，本书从微观企业层面出发，寻找实证数据。

② 由于离岸云外包业务数据目前无法获得，因此本书选取离岸服务外包企业开展云外包业务的数据作为替代，下文相同。

（二）自变量

1. 市场结构变量

按照实施云外包的业务推进程度来划分，可以将离岸服务外包企业的云外包业务开展情况由浅到深进一步细分为以下五种：以承接政府项目等形式参与云外包，通过定向增发或控股云计算子公司参与云外包，正在投入研发或扩大云外包研发支出，独自或合作建立云计算中心和以云外包为主营业务，具备成熟产品线和销售渠道五大阶段（见表3.2）。

表3.2　　离岸服务外包企业介入云外包业务的程度由深至浅排序

1	以云外包为主营业务,具备成熟产品线和销售渠道
2	独自或合作建立云计算中心
3	正在投入研发或扩大云外包研发支出
4	通过定向增发或控股云计算子公司参与云外包
5	以承接政府项目等形式参与云外包

本书主要研究离岸服务外包企业云外包业务开展情况对企业市场绩效的影响，因此按照云外包业务开展的水平由浅到深设置五个0-1变量：

（1）云外包为主营业务（Bus）。

设置这一0-1变量的依据是通过考察离岸服务外包上市公司对外公布的公告和财务报表，明确表明对该公司主体来说，云外包服务产品已经开发成熟并投产，并具备完善的销售渠道，并已获利，我们即认为云外包已经成为该企业主营业务，将dummy取值为1，否则为0。

（2）建立云计算中心（Comp）。

云计算中心的成立代表了离岸服务外包企业拥有了独立的"私有云"，不需要再向软件企业按需购买云计算服务，能够大幅度提升企业云外包的数据处理效率，节省租用数据池的成本。设置该0-1变量的依据是在上市公司公告或财务报表中是否提及企业有自行建设云计算中心的信息，包括已经建设完毕并交付使用、已经建设完毕尚未交付使用和正在建设中（不包括准备建设），企业存在上述行为即将dummy取值设置为1，否则为0。

（3）正处于研发过程或扩大研发支出（R&D）。

此处研发仅指云外包技术的研发，而不包括建立云计算设备的研发。设置该0-1变量的依据在于，企业从事云外包业务或服务产品的开发，但是仍然成熟的产品尚未开发完毕，还没有达到能够获利的地步，企业处在这个过程中即将 dummy 取值设置为1，否则为0。

（4）通过定向增发或控股子公司参与（Hold）。

设置这一0-1变量的依据在于如果企业公告或财务报告中有披露企业通过定向增发方式置换云外包业务相关资产，或者通过收购云外包子公司并达到控股程度①，即将 dummy 取值设为1，否则为0。

（5）承接政府等主体设立的云外包项目（Proj）。

这种方式是参与云外包业务程度最浅的方式，该0-1变量的设置依据在于，如果企业在公告或财务报告中披露有参与政府或其他主体设立的云外包项目，并且该企业并无以上四种参与云外包业务的行为，则将 dummy 取值设为1，否则为0。

此处要注意的问题有两点：首先，为了便于精准描述上述五个自变量对开展云外包业务的离岸服务外包上市公司市场绩效的影响，因此，本书将五个变量设置为互斥关系，即非此即彼，任何一个企业在相同时期绝不会出现两个取值为1的自变量。若出现同一时期同一企业开展两项以上业务阶段的情况，则本着主导业务原则进行 dummy 的取值分派。其次，由于上述变量代表的含义是云外包业务不断发展的过程，相互之间的逻辑关系是互斥的关系。因此一个企业很可能该时期处于研发阶段，下一时期处于投产销售时期，为了精细描述云外包业务开展的过程中对企业市场绩效的影响，本书将采取业务参与较深层次阶段优先原则，一旦业务开展阶段上升到另一个阶段，则自动将参与云外包业务较浅阶段的取值变为0，更深阶段的取值则设为1，由于本书样本的数据来源为财务报表季报、半年报、年报以及公开发布的公告，因此时间间隔最长为3个月。

2. 市场行为变量

（1）企业研发费用。

本书采用开展云外包业务的离岸服务外包上市公司的研发费用

---

① 控股股东包括两类：绝对控股股东和相对控股股东。其中绝对控股股东是指拥有50%以上的有表决权的股份，能绝对保证对控股子公司的高管的任命和经营。而相对控股股东是指拥有的股份不足50%，但仍能决定子公司的高管和经营，一般情况为不足50%股份的第一大股东，或受其他股东委托，合计具有最多投票权。

（Invest）作为企业产品差异化和产品策略的替代变量。

（2）企业推广费用。

本书采取开展云外包业务的离岸服务外包上市公司本期利润表中的营业费用①（Ad）作为广告等推广费用的替代变量。

（三）控制变量

为了使模型具有更好的拟合度，我们借鉴 Bauguess 等（2007）[120] 给出的模型控制变量并进行反复检验，最后确定以下控制变量：

（1）公司规模（Asset）：反映开展云外包业务的离岸服务外包上市公司的资产规模，通常使用企业资产总额表示，并为了消除基数差异，我们对资产总额取自然对数。

（2）市盈率（P/E）：企业综合杠杆系数：等于财务杠杆系数（DFL）与经营杠杆系数（DOL）的乘积，以便综合反映云外包上市公司的财务风险与经营风险。

（3）普通股收益率（Return）：反映开展云外包业务的离岸服务外包上市公司的短期股价表现。

二、模型建立

本书设定了以下线性回归模型：

$$F = a_0 + a_1 Bus + a_2 Comp + a_3 R\&D + a_4 Hold +$$
$$a_5 Proj + a_6 Invest + a_7 Ad + Controls \qquad (3-1)$$

式中，F 代表开展云外包业务的离岸服务外包上市公司市场绩效。Bus、Comp、R&D、Hold 和 Proj 是开展云外包业务的离岸服务外包上市公司市场结构的度量指标。其中，Bus 代表云外包为主营业务 dummy，是则取值 1，否则为 0；Comp 代表成立云计算中心 dummy，是则取值 1，否则为 0；R&D 代表企业正在研发过程 dummy，是则取值 1，否则为 0；Hold 代表企业通过定向增发置换资产或控股云外包子公司 dummy，是则取值 1，否则为 0；Proj 代表承接政府等设立的云外包项目 dummy，是则取值 1，否则为 0。Invest 和 Ad 是开展云外包业务的离岸

---

① 营业费用的统计比广告等实际推广费用的统计口径略宽。

服务外包上市公司市场行为的度量指标。Invest 代表企业研发费用，Ad 代表企业广告等推广费用。Controls 代表控制变量。

三、数据来源与因子分析法

（一）样本选择与数据来源

我们的样本由 2010~2013 年在上海和深圳证券交易所挂牌交易的 A 股离岸服务外包上市公司[①]组成。我们的样本均来自国泰安 CSMAR 数据库，获得初步样本 70 个[②]。但是，为了保证样本的有效性，我们对样本进行了以下剔除：

（1）由于 ST 类公司经营表现较差，会影响实证研究结果的可靠性，因此，予以剔除。

（2）极个别公司数据不全或存在特异值，本书将其剔除。

如表 3.3 所示，本书得到样本为 61 家离岸服务外包上市公司，其中 45 家在深圳证券交易所上市交易，17 家在上海证券交易所上市交易。观测期为 2010~2013 年，所收集的财务数据来自观测期内财务报表季报、半年报和年报，观测值共计 899 个。

表 3.3　　　　　　　　　　样本筛选过程

2010~2013 年 A 股服务外包公司	70
剔除：	
ST 类公司	2
数据不全或存在特异值	7
合计剔除	9
剩余样本量	61

（二）因子分析法

本书试图研究这些 A 股离岸服务外包上市公司的市场绩效，因此，

---

① 本书研究的是离岸服务外包发展，但是由于无法获得离岸云外包数据，因此只得用云外包总体数据替进行实证数据分析。

② 为了保证足够的样本期间，因此剔除了在 2010~2013 年通过 IPO 上市的公司样本，剩余样本均为 2010 年前上市的公司。另外为了保证财务数据的横向可比性，因此舍弃了在中国香港证券交易所和纽约纳斯达克股票交易所上市的中国服务外包公司样本。

运用 SPSS 17.0 软件进行因子分析，用财务指标体系来构造因子。因子分析是将多个研究变量转换为少数无关指标的多元统计方法，从多个角度来研究公司业绩。其主要原理是通过降维将财务指标体系用一个业绩得分来表示，如此可以减少信息收集的工作量，另外消除了综合指标之间的信息重复性效应，从而使研究结论更为全面可靠。

为了全面地反映企业业绩，本书将从六个方面共选择 15 个指标来构造因子分析体系。具体见表 3.4。

表 3.4　　　　　　　　　　　　因子分析选取的指标

指标类型	变量	指标名称	计算公式
短期偿债能力	X_1	流动比率	流动资产/流动负债
	X_2	速动比率	（流动资产 – 存货）/流动负债
	X_3	现金比率	现金及现金等价物期末余额/流动负债
长期偿债能力	X_4	非流动资产比率	非流动资产/总资产余额
	X_5	固定资产比率	固定资产净额/合计资产余额
营运能力	X_6	流动资产周转率	营业收入/流动资产平均占用额
	X_7	总资产周转率	营业收入/平均资产总额
盈利能力	X_8	资产报酬率	净利润/总股数
	X_9	总资产净利润率（ROA）	净利润/总资产平均余额
	X_{10}	净资产收益率（ROE）	净利润/股东权益平均余额
现金流量能力	X_{11}	现金流量比率	经营活动现金流量净值/流动负债
	X_{12}	营业收入现金比率	经营活动产生的现金流量净额/营业收入
	X_{13}	全部资产现金回收率	经营活动现金净流量/期末资产总额
发展能力	X_{14}	基本每股收益增长率	（本期基本每股收益 – 期初基本每股收益）/期初基本每股收益
	X_{15}	净利润增长率	（本年净利润 – 期初净利润）/期初净利润

1. 数据处理

（1）指标趋同性处理。

在对公司市场绩效进行评价的因子分析过程中，涉及的财务指标会可以分为三类指标，即正向化指标、适度性指标和逆向性指标。在本书的 15 个财务指标中，流动比率和速动比率是适度性指标，为了消除因子得分中因正向化指标和逆向性指标效果的加总抵消作用，因此，在进行因子分析时应该将其转化为正向指标。根据陈军才（2005）[121]对适度指标处理的方法，其公式是：

$$X_i^{'} = \frac{1}{1 + | k - X_i |} \qquad (3-2)$$

其中，$X_i^{'}$表示正向化处理后的指标，k 为该指标行业的适度值，一般认为流动比率、速动比率的平均行业适度值分别为 2 和 1。

（2）标准化处理（Z-Score）。

在进行因子分析前，由于各财务指标可能存在量纲的不一致，需要对这 15 个财务指标进行标准化处理（normalization）。然后，利用标准化后的数据进行分析。对于数据标准化处理的方法主要有 Min-max 标准化和 Z-score 标准化。本书采用 SPSS 软件默认的 Z-score 标准化方法对 15 个财务指标进行标准化处理。

2. 适用性检验

进行因子分析前需要对数据进行相关行检验，只有数据之间存在较强的相关性，进行因子分析才是有效的。所以，本书需要对财务指标进行 KMO 检验。根据表 3.5 所示，经 KMO 和 Bartlett 的检验表明，Baitlett 卡方值为 20803.804，其伴随概率为 0，在显著性水平为 1% 的条件小于其临界值，拒绝相关系数矩阵是单位矩阵的原假设，因此，本书所采用的数据可以考虑应用因子分析。另外，从 KMO 检验也表明适合进行因子分析，KMO 指标是度量相关系数与偏相关系数的一个指标，当 KMO > 0.5 时，就适合采用因子分析法，越接近 1 效果越好。表 3.5 中 KMO 值为 0.686，根据统计学家 Kasier 给出的标准，本书适合采用因子分析法。

表 3.5 KMO 和 Bartlett 的检验

取样足够度的 Kaiser-Meyer-Olkin 度量		0.686
Bartlett 的球形度检验	近似卡方	20803.804
	df	105.000
	Sig.	0.000

3. 求解主因子系数

在进行了数据标准化和 KMO 检验后，将数据代入 SPSS 中得到解释总体方差表。结果如表 3.6 所示。

表 3.6　　　　　　　　　**解释的总方差**

成分	初始特征值			提取平方和载入			旋转平方和载入		
	合计	方差 (%)	累积 (%)	合计	方差 (%)	累积 (%)	合计	方差 (%)	累积 (%)
1	4.418	29.454	29.454	4.418	29.454	29.454	3.257	21.711	21.711
2	3.190	21.266	50.720	3.190	21.266	50.720	2.921	19.473	41.184
3	1.865	12.431	63.151	1.865	12.431	63.151	2.056	13.710	54.893
4	1.616	10.776	73.927	1.616	10.776	73.927	1.974	13.159	68.053
5	1.457	9.714	83.641	1.457	9.714	83.641	1.844	12.291	80.343
6	1.194	7.961	91.602	1.194	7.961	91.602	1.689	11.259	91.602
7	0.353	2.355	93.957						
8	0.318	2.118	96.075						
9	0.269	1.790	97.865						
10	0.156	1.042	98.907						
11	0.075	0.497	99.404						
12	0.059	0.390	99.794						
13	0.021	0.140	99.934						
14	0.010	0.064	99.998						
15	0.000	0.002	100.000						

注：提取方法为主成分分析。

根据表 3.6 所示，15 个财务指标共提取了 6 个主因子，累计方差贡献率达到 91.602%，说明用 6 个主因子可以反映该 15 个指标的 91% 的信息，信息保留非常完整，因此，完全可以采用该 6 个因子来表示 15 个指标体系。

4. 因子命名

因子分析模型建立的目的不仅是对变量进行分组并发现公共因子，而是要发掘公共因子的经济学内涵，因此，必须对每个公共因子进行重新命名，并赋予其经济含义。为了使命名规则清晰，需要采用最大方差法对成分矩阵进行旋转，使每个指标在该主因子上的载荷进行两端分化，从而将每个主因子上载荷较高的指标归为一类并根据这些指标反映的经济意义予以命名。

表 3.7　　　　　　　　　　旋转成分矩阵

	成分					
	1	2	3	4	5	6
Z-score（流动比率）	0.976	−0.106	−0.125	−0.009	−0.046	0.008
Z-score（速动比率）	0.977	−0.101	−0.122	−0.008	−0.042	0.009
Z-score（现金比率）	0.968	−0.067	−0.085	−0.018	−0.046	0.011
Z-score（非流动资产比率）	−0.153	0.897	0.057	−0.054	−0.039	0.019
Z-score（固定资产比率）	−0.059	0.899	−0.038	−0.099	0.054	0.035
Z-score（流动资产周转率）	−0.139	0.117	0.965	0.118	0.086	0.025
Z-score（总资产周转率）	−0.152	−0.097	0.958	0.160	0.085	0.027
Z-score（资产报酬率）	−0.035	−0.026	0.098	0.964	0.200	0.042
Z-score（总资产净利润率）	0.006	−0.074	0.049	0.962	0.211	0.049
Z-score（净资产收益率）	−0.048	−0.104	0.181	0.930	0.179	0.038
Z-score（现金流量比率）	−0.555	−0.019	0.022	0.168	0.686	0.008
Z-score（营业收入现金比率）	−0.120	−0.044	0.193	0.193	0.841	0.043
Z-score（全部资产现金回收率）	0.128	0.077	−0.013	0.281	0.858	0.012
Z-score（基本每股收益增长率）	0.005	0.023	0.031	0.051	0.032	0.957
Z-score（净利润增长率）	0.017	0.031	0.016	0.048	0.018	0.957

　　从表 3.7 可以看出，在第一主因子上具有较高载荷的指标是正向化后流动比率和速动比率，以及现金比率，这三个变量的载荷都超过0.9，它们共同的经济含义是企业的短期偿债能力指标，因此，将第一主因子命名为短期偿债能力因子。非流动资产比率和固定资产比率在第二主因子上载荷较高，都达到 0.8 以上，它们的共同经济含义是企业的长期偿债能力，因此，该主因子被命名为长期偿债能力因子。第三主因子上载荷较高（0.9 以上）的变量有流动资产周转率和总资产周转率，它们共同的经济含义是企业的营运能力，因此，该主因子被命名为营运能力因子。资产报酬率、总资产净利润率和净资产收益率在第四个主因子上的载荷最高（0.9 以上），它们共同反映了公司在经营过程中的盈利能力，因此，对第四个主因子命名为盈利能力因子。现金流量比率、

营业收入现金比率和全部资产现金回收率在第五个主因子上的载荷均达到 0.7 左右，它们反映了公司获取现金流量的能力，因此，第五个主因子命名为现金流量能力因子。基本每股收益增长率和净利润增长率在第六个主因子上的载荷均达到 0.9 以上，它们共同的经济含义是企业的未来发展潜力，因此，该主因子被命名为发展能力因子。

5. 因子得分

表 3.8　　　　　　　　　　成分得分系数矩阵

	成分					
	1	2	3	4	5	6
Z-score(流动比率)	0.318	0.016	0.058	−0.007	0.033	−0.006
Z-score(速动比率)	0.319	0.019	0.061	−0.007	0.034	−0.006
Z-score(现金比率)	0.322	0.038	0.058	−0.012	0.056	−0.006
Z-score(非流动资产比率)	0.025	0.549	−0.048	0.058	0.020	−0.022
Z-score(固定资产比率)	0.057	0.552	0.032	0.024	−0.023	−0.012
Z-score(流动资产周转率)	0.067	0.066	−0.015	−0.053	0.531	−0.015
Z-score(总资产周转率)	0.043	−0.066	−0.022	−0.051	0.522	−0.007
Z-score(资产报酬率)	−0.005	0.058	−0.100	0.386	−0.053	−0.019
Z-score(总资产净利润率)	0.001	0.031	−0.087	0.383	−0.077	−0.012
Z-score(净资产收益率)	−0.009	0.005	−0.108	0.361	−0.002	−0.018
Z-score(现金流量比率)	−0.142	−0.061	0.353	−0.075	−0.084	−0.001
Z-score(营业收入现金比率)	0.039	−0.043	0.477	−0.128	0.054	0.004
Z-score(全部资产现金回收率)	0.115	0.064	0.492	−0.062	−0.049	−0.022
Z-score(基本每股收益增长率)	−0.009	−0.020	−0.006	−0.023	−0.009	0.524
Z-score(净利润增长率)	−0.007	−0.014	−0.013	−0.019	−0.016	0.524

根据表 3.8 旋转后成分得分系数矩阵中每个主因子每列数据就是该主因子的系数，用它乘以各标准化后的指标并通过回归分析就得到了每个主因子的得分，令 Z_i 表示第 i 个主因子的得分，ZX_{ji} 表示第 j 个公司 i 个标准化后的指标数据，则有：

$$Z_{1i} = 0.318ZX_{1i} + 0.319ZX_{2i} + 0.322ZX_{3i} + 0.025ZX_{4i} + 0.057ZX_{5i} + 0.067ZX_{6i} + 0.043ZX_{7i} - 0.005ZX_{8i} + 0.001ZX_{9i} - 0.009ZX_{10i} - 0.142ZX_{11i} +$$

$0.039ZX_{12i} + 0.115ZX_{13i} - 0.009ZX_{14i} - 0.007ZX_{14i}$ (3-3)

$Z_{2i} = 0.016ZX_{1i} + 0.019ZX_{2i} + 0.038ZX_{3i} + 0.549ZX_{4i} + 0.552ZX_{5i} + 0.066ZX_{6i} - 0.066ZX_{7i} + 0.058ZX_{8i} + 0.031ZX_{9i} + 0.005ZX_{10i} - 0.061ZX_{11i} - 0.043ZX_{12i} + 0.064ZX_{13i} - 0.020ZX_{14i} - 0.014ZX_{15i}$ (3-4)

$Z_{3i} = 0.058ZX_{1i} + 0.061ZX_{2i} + 0.058ZX_{3i} - 0.048ZX_{4i} + 0.032ZX_{5i} - 0.015ZX_{6i} - 0.022ZX_{7i} - 0.100ZX_{8i} + 0.087ZX_{9i} - 0.108ZX_{10i} + 0.353ZX_{11i} + 0.477ZX_{12i} + 0.492ZX_{13i} - 0.006ZX_{14i} - 0.013ZX_{15i}$ (3-5)

$Z_{4i} = -0.007ZX_{1i} - 0.007ZX_{2i} - 0.012ZX_{3i} + 0.058ZX_{4i} + 0.024ZX_{5i} - 0.053ZX_{6i} - 0.051ZX_{7i} + 0.386ZX_{8i} + 0.383ZX_{9i} + 0.361ZX_{10i} - 0.075ZX_{11i} - 0.128ZX_{12i} - 0.062ZX_{13i} - 0.023ZX_{14i} - 0.019ZX_{15i}$ (3-6)

$Z_{5i} = 0.033ZX_{1i} + 0.034ZX_{2i} + 0.056ZX_{3i} + 0.020ZX_{4i} - 0.023ZX_{5i} + 0.531ZX_{6i} + 0.522ZX_{7i} - 0.053ZX_{8i} - 0.077ZX_{9i} - 0.002ZX_{10i} - 0.084ZX_{11i} + 0.054ZX_{12i} - 0.049ZX_{13i} - 0.009ZX_{14i} - 0.016ZX_{15i}$ (3-7)

$Z_{6i} = -0.006ZX_{1i} - 0.006ZX_{2i} - 0.006ZX_{3i} - 0.022ZX_{4i} - 0.012ZX_{5i} - 0.015ZX_{6i} - 0.007ZX_{7i} - 0.019ZX_{8i} - 0.012ZX_{9i} - 0.018ZX_{10i} - 0.001ZX_{11i} + 0.004ZX_{12i} - 0.022ZX_{13i} + 0.524ZX_{14i} + 0.524ZX_{15i}$ (3-8)

6. 计算综合得分

利用上一步得到的因子得分再乘以表3.7中解释总体方差中旋转平方和中的因子方差贡献度就得到了公司经营业绩的综合得分，令 F_i 表示第 i 个公司经营业绩的综合得分，利用综合得分公式有：

$F_i = 0.217Z_{1i} + 0.113Z_{2i} + 0.132Z_{3i} + 0.195Z_{4i} + 0.137Z_{5i} + 0.123Z_{6i}$

(3-9)

通过该公式可计算出所有离岸服务外包上市公司的市场绩效得分，用于作为被解释变量，全面反映实施增发公司当年末的市场绩效水平。

四、 描述性统计与实证结果分析

（一） 描述性统计

1. 垂直行业结构描述性统计

本书所选取的样本中，约有26.23%（16家）的离岸服务外包上市的业务横跨一个以上垂直行业，其中 8.20%（5 家）企业的业务同时涵盖离岸 ITO 和离岸 BPO 领域，因此，本书按照这些企业的主营业务来进行划分，样本包括 16 家离岸 ITO 企业和 46 家离岸 BPO 企业，从数量上看离岸 BPO 企业占据绝大多数。从垂直行业细分，可以将离岸 ITO 企业业务分为软件外包、软件销售和管理软件（包括 ERP 软件和财务软件），而离岸 BPO 企业则可分为电力行业外包、金融行业外包、医疗行业外包、电信行业外包、物联网应用外包、智能交通外包、信息安全外包等。由图 3.7 可见，在上述细分行业中，智能交通外包、金融行业外包和软件外包业务排在前三。其中，著名的清华紫光、长城信息、东软集团等都是这些垂直行业离岸服务外包的领军企业。

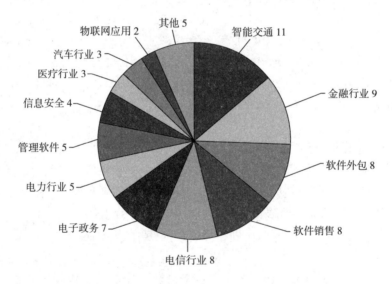

图 3.7　A 股离岸服务外包上市公司垂直行业细分[①]

2. 地区结构描述性统计

在本书选取的 61 个样本中，52 家企业的注册地位于 21 个服务外包示范城市之列，占比达到 85.25%，说明服务外包示范城市良好的基础设施、优惠的产业政策和深厚的人才优势等条件在培育服务外包龙头企

---

① 因为 16 家企业从事跨行业经营业务，这些企业在按照垂直行业划分时重复划分到不同板块中，因此细分行业总和超过样本总数。

业上起了至关重要的作用，具体数据见图3.8。其中，北京的 A 股离岸服务外包上市公司远远超过其他城市（19 家），占比达到31.15%，表明北京离岸服务外包基础雄厚，借助中关村等成熟的服务外包园区基础设施和大量高素质技术人力资源，北京的企业已经基本完成原始积累，开始形成规模庞大的上市公司集群。而上海和深圳的服务外包公司除了享有成熟的基础设施和深厚的产业基础外，还均有紧挨着证券交易所的有利区位优势，分别有 6 家企业上市。这三大城市的离岸服务外包上市公司数量占据全部公司数量的44.26%（27 家），充分展示了中国离岸服务外包战略中心的强大聚集效应。

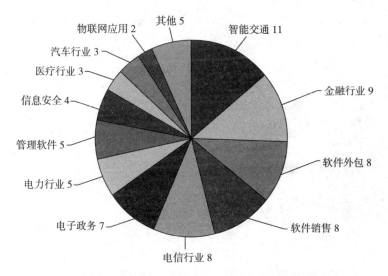

图3.8 A 股离岸服务外包上市公司注册地结构

3. 云外包市场结构描述性统计

在本书选取的 61 个样本中，本书按照是否实行云外包的业务将企业的市场结构进行细分。选取方法是根据这些 A 股离岸服务外包上市公司发布的财务报告和临时公告中是否有披露企业开展云外包业务。选取之后的数据结果如图3.9所示，可以看出在 61 家企业中，67.21%（41 家）企业在不同程度地将云外包纳入自身业务范畴。按照股票内涵划分方式，可以将这 41 家企业分为云计算概念股和非云计算概念股，两者的比例分别为51.22%（21 家）和48.78%（20 家）。按照实施云外包的业务推进程度来划分，可以将云外包业务的开展情况由浅到深进一步细分为以承接政府项目等形式参与云外包，通过定向增发或控股云计算子公司参与云外包，正在投入研发或扩大云外包研发支出，独自或合作建立云计算中心和以云外包为主营业务，具备成熟产品线和销售渠道五大阶段。

其中，东软集团、中软股份、用友软件和浪潮软件等14家著名的离岸服务外包上市公司均已完成云外包产品线开发，推出了成熟的云外包服务项目并且建立了完备的销售渠道。另有一些企业，如海隆软件、广联达和银之杰等10家企业在云计算兴起的浪潮中，开始尝试或正在将云计算技术与自身业已成熟的外包业务进行结合，做推出云外包服务的准备。而久其软件、三泰电子等8家企业却主要通过定向增发来进行资产置换或控股云计算子公司等方式来参与云外包业务。这几种方式成为中国离岸服务外包上市公司发展云外包业务的主要形式。

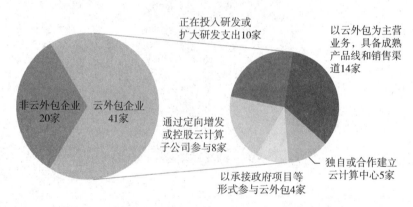

图3.9　A股服务外包上市公司云外包业务开展情况结构

为了考量发展云外包业务对离岸服务外包上市公司的市场绩效所带来的影响，本书将通过因子分析法得到的各个上市公司综合得分按照降序排列，并且与这些公司发展云外包所处的阶段进行对照，试图找到云外包业务对离岸服务外包上市公司业绩提升的影响。

4. 开展云外包业务的离岸服务外包上市公司的市场绩效表现

（1）开展云外包业务的离岸服务外包上市公司的市场绩效总体表现。

本书将61家离岸服务外包上市公司的市场绩效得分按降序进行排

列，由高到低分为六组，分别是前 1 ~ 10 名、11 ~ 20 名、21 ~ 30 名、31 ~ 40 名、41 ~ 50 名和 51 ~ 61 名。并将这些公司的绩效得分与开展云外包业务的总体情况进行分析，数据结果如图 3. 10 所示。

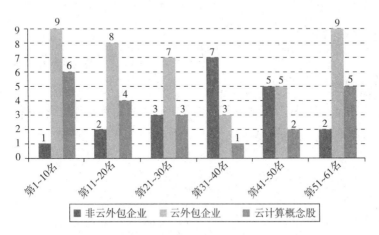

图 3. 10　离岸服务外包上市公司的市场绩效排列

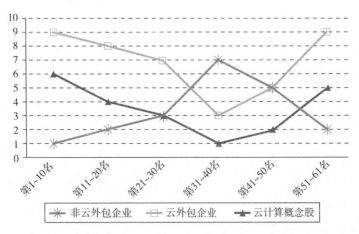

图 3. 11　离岸服务外包上市公司按市场绩效排列的数量变化趋势

由图 3. 10 与图 3. 11 可以看出，在市场绩效递减的过程中，开展云外包业务的企业和云计算概念股企业数量均经历了由高到低再重新升高的过程。在绩效排名第 1 ~ 10 名的企业中，仅有 1 家企业没有开展云外包业务，而其余 9 家企业均不同程度地开展了云外包服务，随着绩效表现降低，云外包企业数量也逐渐下降，直到排名第31～40名时降到最低，而在绩效表现欠佳的后21家企业中，云外包企业和云计算概念股企业数量反而上升。同时，非云外包企业经历了与云外包企业数量完全相反的变化。由此可以看出，云外包企业在绩效上呈现两极分化，即表现最突出的企业和表现欠佳的企业都在大力推广云外包业务，因此，我们需要进一步探究开展云外包业务的程度与企业市场绩效的关系。

（2）离岸服务外包上市公司的云外包业务开展程度的市场绩效表现。

按照前述所列的离岸服务外包企业推进云外包业务的深浅进度，本书再次进行绩效表现的比较，结果见表3.9。

表3.9　　　　云外包细分业务对服务外包公司市场绩效的影响

市场绩效得分排名	云外包为主营业务	建立云计算中心	正处于研发过程	通过定向增发或子公司参与	承接政府云外包项目
第1～10名	3	0	4	2	0
第11～20名	4	0	1	1	2
第21～30名	2	2	2	1	0
第31～40名	2	0	1	0	0
第41～50名	1	0	1	1	2
第51～61名	2	3	1	3	0
合计	14	5	10	8	4

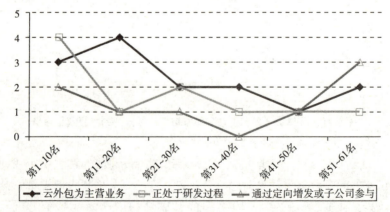

图3.12　云外包业务三种程度对离岸服务外包上市公司市场绩效的影响趋势

由表3.9和图3.12可以看出，随着市场绩效的下降，以云外包为主营业务、拥有成熟产品线和销售渠道或者正处于研发状态、加大云外包研发力度的离岸服务外包上市公司数量也相应减少，两者变动方向一致。表明云外包业务的扩大在长期能够给企业带来业务量的稳定增长和财务指标的好转。另外，通过定向增发进行资产置换或控股云计算子公司的企业，却由于对云外包业务掌控状况的不同，而引发绩效表现的两极分化，不能带来稳定绩效增长。同时，值得注意的是，投入巨大资金建立自己的云计算中心的企业，其市场绩效表现欠佳，说明云计算平台的投入成本巨大，也无法带来直接效益，反而影响企业其他核心业务的盈利水平，引起市场绩效水平下降。

（二）实证结果与分析

本书采用混合最小二乘法（Pooled OLS）估计了模型3－1，并将回归结果呈现于表3.10。由于云外包的各个业务发展阶段是互斥的，因此代表市场结构的五个自变量不能同时出现在一个模型中。首先，我们观察到在第（1）列中，以云外包为主营业务的变量（Bus）与离岸服务外包上市公司市场绩效显著正相关，系数在5%的显著性水平上拒绝原假设。说明云外包业务的大力拓展与企业提升市场绩效的目标相一致。而且，我们注意到，已经完成云外包研发，将云外包作为主营业务进行推广的企业中，全球服务外包企业100强占据了3家[1]，分别是东软集团、浪潮软件和中软国际，说明中国大型服务外包企业已经开始并部分完成对云外包业务的布局和参与。

在第（2）列中，建造云计算中心（Comp）对服务外包企业市场绩效造成了显著的负面影响，系数在1%的显著性水平上拒绝原假设，系数为－0.173意味着投资1元建造云计算中心，将使得企业市场绩效得分下降0.173，贡献值较高。该结果说明，服务外包企业自行建造云计算中心的投资回报率较低，云平台的建设需要高昂成本和成熟的信息技术，直接对企业的现金流量造成负面影响，而云平台的建设周期较长，降低了企业的投资回报率。因此，对那些现金流量不够充足或者规较小的服务外包企业来说，建设云计算中心将在较长周期内对企业绩效

---

[1]　由于数据限制，本书实证数据仅限于A股离岸服务外包上市公司，文思海辉等多家中国香港和纽约上市企业未包含在内。

提升造成负担，从投资回报的性价比上考虑，租用已经成熟的大型 IT 公司的云平台，并将自身应用软件布置在云平台上提供给客户，是更好的选择①。

表 3.10　云外包市场结构影响云外包上市公司市场绩效的实证结果

	（1）	（2）	（3）	（4）	（5）	（6）
Bus	0.028					0.173 ***
	（0.81）					（3.03）
Comp		− 0.173 ***				
		（− 3.28）				
R&D			0.041			0.186 ***
			（1.03）			（3.04）
Hold				0.02		0.169 ***
				（0.49）		（2.71）
Proj					0.000	0.155 **
					（0.01）	（2.15）
Ad	0.219 ***	0.215 ***	0.216 ***	0.226 ***	0.222 ***	0.211 ***
	（7.87）	（7.86）	（7.67）	（7.96）	（8.02）	（7.23）
Invest	0.872 ***	0.819 ***	0.888 ***	0.853 ***	0.862 ***	0.843 ***
	（3.81）	（3.61）	（3.87）	（3.72）	（3.71）	（3.62）
Asset	− 0.126 ***	− 0.115 ***	− 0.113 ***	− 0.127 ***	− 0.124 ***	− 0.111 ***
	（− 4.62）	（− 4.25）	（− 3.88）	（− 4.56）	（− 4.56）	（− 3.79）
P/E	− 0.210 ***	− 0.210 ***	− 0.195 ***	− 0.206 ***	− 0.204 ***	− 0.207 ***
	（− 4.61）	（− 4.69）	（− 4.25）	（− 4.56）	（− 4.53）	（− 4.50）
Return	− 0.544 ***	− 0.601 ***	− 0.552 ***	− 0.534 ***	− 0.533 ***	− 0.615 ***
	（− 2.72）	（− 3.03）	（− 2.76）	（− 2.68）	（− 2.65）	（− 3.05）
_cons	− 0.709	− 0.733	− 0.914	− 0.845	− 0.833	− 0.892
	（− 1.21）	（− 1.31）	（− 1.60）	（− 1.50）	（− 1.44）	（− 1.51）
N	592	592	592	592	592	592
adj − R^2	0.17	0.184	0.17	0.169	0.169	0.18

　　注：***、** 和 * 分别代表在 1%、5% 和 10% 水平上拒绝原假设，括号中为基于 White 异方差标准误计算而得的 t 值。

_____

① 本书受到数据限制，无法采用滞后的长期经营业绩来考察云计算中心的回报周期，将在以后的研究中弥补该遗憾。

在第（3）列到第（5）列中，我们发现参与云外包业务程度较低的三种方式：正在进行云外包业务研发或扩大研发投资（R&D）、通过定向增发持股或收购云计算子公司（Hold）和参与政府等发起的云外包项目（Proj）均对企业市场绩效无显著影响。可能的原因在于：对云外包业务进行研发暂时无法给离岸服务外包上市公司带来可观收入，同时其应用软件研发的成本控制在合理范围内，不像建设云计算中心那样需要前期投入大量基础设施建设，因此，上市公司的市场绩效没有受到影响；而仅仅通过控股云计算子公司参与云外包业务表明云外包在企业的业务结构中所占比重并未达到重要程度，因此，对上市公司的市场绩效也没有显著影响；通过参与政府等发布云外包项目具有极强的针对性，仅仅为了满足项目发布主体的需求，并未面向企业的广大客户，对主营业务收入的影响微乎其微，因此，也无法显著影响企业绩效。

最后，当我们将全部自变量均放入模型中进行回归，STATA 软件自动屏蔽了其中一个自变量 Comp。所得到的结果令人惊讶，四个自变量均显著为正，说明在样本数量增加的情况下，除了建设云计算中心（Comp）之外，云外包各个阶段的业务将都对服务外包企业绩效产生正面影响。按照贡献度大小来排列，我们发现进行研发（R&D）的系数最大，达到 0.186，即在研发上投入 1 元，将使得企业绩效上升 0.186 分，再次表明了研发创新对开展云外包业务的离岸服务外包上市公司的重要意义。其次分别是将云外包作为主营业务（Bus）、通过定向增发或控股子公司参与云外包业务（Hold）和承接项目（Proj），贡献度分别为 0.173、0.169 和 0.155，这些业务的开展对企业市场绩效的贡献大小基本上与参与云外包业务的深浅程度是成正比的。因此，开展云外包业务将有助于离岸服务外包企业的市场绩效提升。

我们观察到代表开展云外包业务的离岸服务外包上市公司的市场行为的两个变量 Invest 和 Ad，在第（1）列到第（6）列中，两个变量均持续保持在 1% 显著性水平上与市场绩效的正相关关系，并且系数的方向和数值保持了高度稳定性。其中，研发费用（Invest）的系数变化范围在 0.819 ~ 0.888，而推广费用（Ad）的系数则保持在 0.211 ~ 0.226，也完全符合我们对研发投入和推广投入对云外包业务贡献度的预期。

第四章

中国离岸服务外包区域结构研究

第一节 中国离岸服务外包区域结构现状与问题

一、中国离岸服务外包区域结构现状

从中国 2006 年出台"千百十工程"目标之后，全国设立了 21 个服务外包示范城市①。2012 年，21 个服务外包示范城市中的服务外包企业接近 15000 家，服务外包人员达到 300 多万，在全国占比均超过 70%；而离岸服务外包合同执行金额达到 300 多亿美元，在全国占比更是超过 90%[122]。这些示范城市对全国范围内离岸服务外包的集聚效应产生了重要推动作用。目前为止，中国服务外包示范城市已经成为全国离岸服务外包发展的主导力量，它们既是中国离岸服务外包发展的主体，也是促进离岸服务外包技术创新和政策落实的核心地区，已成为带动所在省份及周边地区离岸服务外包发展的主体推动力。各个示范城市想要构建城市服务外包核心竞争力，着力培育城市品牌，均将离岸服务外包发展的主要功能载体放在服务外包示范园区上。2012 年，大连软件园、成都天府软件园、中关村软件园、西安软件园、齐鲁软件园等 10

① 截至 2009 年，21 个中国服务外包示范城市为北京、上海、天津、重庆、深圳、广州、厦门、杭州、南京、苏州、无锡、大连、大庆、哈尔滨、济南、西安、武汉、长沙、南昌、成都、合肥。

家服务外包园区被评为"2012 年中国服务外包园区十强",这些园区以领先的产业规模、成熟的基础设施和完善的配套服务、雄厚的人才优势成为服务外包的标尺。

2006 ~ 2013 年,中国离岸服务外包已形成的产业格局是将 21 个服务外包示范城市作为基点,尤其是将北京、上海、深圳等商务成本较高、人力成本逐渐上升的城市为产业战略中心,辐射带动这些一线城市周边城市离岸服务外包的协同发展,部分企业甚至开始将执行业务从一线城市转向二、三线城市,从而逐渐形成了珠三角、长三角、环渤海等服务外包集聚带。

(一) 东部地区现状

东部地区由于优越的区位优势和深厚的国际贸易发展基础,在离岸服务外包发展初期获得了大力发展。目前已经以北京、上海、深圳等外包战略中心城市为核心向外辐射,形成了几大产业聚集带,分别是长三角服务外包聚集带、珠三角服务外包聚集带和环渤海服务外包聚集带。

1. 长三角离岸服务外包聚集带现状

长三角和珠三角地区是国内发展离岸服务外包业务最集中的区域。这两个区域的示范城市港口区位优势明显,国际贸易往来密切;经济发达、外包产业链相对成熟,基础设施完善;人才优势明显,具备充足的各行业高素质人才储备。其中位于长三角地区的服务外包示范城市有上海、杭州、南京、苏州和无锡,而浙江宁波则是近年来发展势头迅猛的非示范城市的代表。统计数据显示,2013 年长三角地区 GDP 总量逼近 10 万亿元,达到 97760 亿元,比上年增加 7809 亿元,增速均值为 9.7%,比上年回落 0.4 个百分点[123]。2013 年,面对错综复杂的国内外经济形势,长三角区域经济总体保持平稳较快增长,呈现稳中有进、稳中向好的发展态势。经济总量再上新台阶的同时,长三角地区不仅保持投资消费双轮驱动,也在扭转外贸的不利形势。数据显示,固定资产投资平稳,2013 年长三角地区完成固定资产投资突破 4 万亿元,达到 47198 亿元,同比增长 16.7%。长三角的服务外包相关业务,集中在金融服务外包、制造业配套服务外包、电信服务外包和动漫创意服务外包等方面。

（1）上海离岸服务外包现状。

上海离岸服务外包发展起步早，且种类齐全。根据上海市商务委员会国际贸易服务交流处数据显示，2012 年上海承接离岸服务外包合同金额达到 32.67 亿美元，在全国 21 个示范城市当中，已经是连续三年名列第一。上海各离岸服务外包细分业务全面，ITO、BPO 和 KPO 全面发展，其离岸服务外包发展的特点是离岸 ITO 占主导地位，集聚效应初步显现，优势产业相关的离岸 KPO 发展迅速，对日离岸服务外包业务比重较大。据上海市外包发展中心统计，2012 年，上海市信息技术外包收入增长最快，同比增长率为 28.4%；离岸业务保持平稳发展，离岸 ITO 收入 7.57 亿美元（不包含嵌入式软件出口收入），同比增长 28.7%，发展速度为全国第一[124]。以 ITO 为主营业务的企业超过服务外包企业总数的 60%。同时，服务外包园区地理区位分布相对集中。上海知名服务外包园区如浦东软件园、漕河泾开发区软件园、交大徐汇软件园、复旦软件园、长宁信息园和科技京城等市级软件示范园区，容纳了上海超过 60% 的服务外包入驻。同时，上海还以高端外包为离岸服务外包发展方向，基于上海市离岸服务外包基础配套设施完善、产业基础好、运营成本高企的优势，围绕上海市"国际金融中心"的定位，市政府积极出台倾斜性政策，引导离岸服务外包向价值链高端市场升级，重点开拓金融后台服务外包、研发设计外包、动漫设计外包和物流中心等领域。2013 年兴建的"上海金融谷"将自身定位于专注金融外包服务的整体运营专业服务外包园区，目标是建成科技金融孵化园以及全球金融服务外包企业总部聚集地，并引入配套的金融机构服务支持中心和金融结算交易中心，预计该园区项目运营之后将带来超过 100 亿元的年产值，并且带动就业安置岗位 1.5 万多个[125]。

（2）江苏省离岸服务外包现状。

南京离岸服务外包的发展已成为江苏省服务外包的标杆，甚至在全国也名列前茅。2012 年，南京市执行离岸外包合同执行金额 27.6 亿美元，同比增长 46.8%[126]。四项离岸服务外包主要发展指标在省内继续保持领先位置。同年，无锡出台五年内培养不少于 1 万名服务外包中高级人才的"万人计划"。宁波市近几年一直不断加大对服务外包的支持力度，主要措施有出台扶持政策、从国家申请专项资金和由地方财政拨付扶持资金。

（3）浙江省离岸服务外包现状。

杭州离岸服务外包发展具有区位优势、人才优势、商务环境优势和产业优势四大优势。尤其对于离岸 ITO 业务来说，杭州具有得天独厚的先发条件，杭州是国家软件产业基地、国家软件出口创新基地，杭州从 20 世纪 90 年代以来就开始大力发展电子信息产业，打下了良好的产业基础。杭州离岸服务外包领军企业数量众多。2011 年，杭州离岸业务执行额达到千万美元以上的离岸服务外包企业达到 24 家，离岸业务执行额总计 15. 71 亿美元，占全市总额的 77. 2%[127]。其中，浪潮软件连续 4 年被评为全球服务外包企业 100 强。

2013 年，宁波服务外包合同总额和执行总额双双突破百亿元，分别为 144 亿元和 108. 1 亿元，同比增长 25. 7% 和 27. 7%[128]。该市在全国率先完善了离岸服务外包统计指标体系和考评办法，大力推进政策创新，加强指导培训，加强政府与产业互动，使产业规模得以稳步推进。

2. 珠三角离岸服务外包聚集带现状

位于珠三角地区的服务外包示范城市有深圳和广州，直接辐射厦门。离岸服务外包珠三角独占四成。根据毕马威中国发布的《中国服务外包城市巡览》数据显示，2009 年，珠三角地区离岸服务外包执行金额为执行国际外包合同的金额达到 40. 46 亿美元，高于长三角地区所占的 35. 4%，在全国占比高达 40. 1%，同时也排名全国各地区首位[129]。相比长三角而言，珠三角服务外包区位优势明显，细分业务发展速度突出，客户主要集中于东南亚和香港，细分业务包括信息技术外包、现代物流供应链管理、工业及动漫设计外包三大类别。

深圳已成为全球重要的离岸服务外包企业的聚集地。2012 年，深圳市服务贸易进出口总额为 304. 5 亿美元，同比增长 14. 2%；其中出口额为 147. 3 亿美元，同比增长 11. 7%，进口额为 157. 2 亿美元，同比增长 16. 6%。位于上海、北京之后，居全国第三。2012 年，深圳市承接离岸服务外包业务合同金额、执行金额分别为 23. 8 亿美元和 18. 6 亿美元，从 2007 年起年均分别增长 40. 1%、45. 6%[130]。

据了解，深圳是全国服务外包示范城市之一，其中离岸 ITO 是深圳服务外包的主体和核心，且离岸 ITO 正在由产业链、价值链中低端向中高端迈进。2013 年，深圳软件业务收入超亿元企业数量接近 200 家，比上年新增 50 家左右，凸显产业旺盛生机和活力。全市软件企业投入软件研发经费 646.38 亿元，同比增长 17.97%，居全国领先水平[130]。

同时，深圳是全国综合供应链管理服务行业的领军者，经过十余年的发展，目前已经集聚了全国 80% 以上的供应链企业，涌现出一大批如怡亚通、朗华、信利康、越海、普路通、年富、一达通等一批供应链管理创新服务龙头企业，越来越多的供应链企业已经走出深圳，在全国乃至全球布局。目前，深圳拥有各类工业设计机构近 5000 家，其中专业工业设计公司 500 多家。

根据商务部统计数字显示，作为珠三角地区服务外包核心示范城市的广州市，2011 年，广州市离岸服务外包规模跃居广东省及华南地区首位[131]。2012 年 1~9 月全市服务外包合同总额同比增长 50%。企业引进和培育成效明显，世界 500 强企业有 28 家在广州设立外包企业，国际外包专业协会（IAOP）2011 年全球外包 100 强有 31 家、十大在华全球供应商有 7 家，中国离岸服务外包领军企业有 6 家在广州投资落户。服务外包业态多元发展，形成了软件、电信、工业设计和金融四大外包优势领域，航空服务、动漫网游、生物医药外包等新兴领域也蓬勃发展，形成了较完整的服务外包链并呈现高端集聚态势。全市离岸服务外包从业人数已达 22 万多人。

3. 环渤海离岸服务外包聚集带现状

环渤海离岸服务外包聚集带主要包括北京、天津、大连、济南等示范城市以及青岛等非示范城市，2009 年，环渤海湾地区离岸服务外包合同执行金额达到 17.96 亿美元，比重排名位列全国第三（17.8%），其细分业务主要与重工业及政府服务相关，具体集中在政府服务及其他服务业外包和制造业配套服务外包方面[131]。

（1）北京市离岸服务外包现状。

环渤海地区的服务外包战略中心是北京。根据北京市商务局最新数据显示，2013 年 1~9 月北京市离岸服务外包执行金额为 29.11 亿美元，同比增长 27%，其中，离岸 ITO 比重最大，执行金额为 18.46 亿美元，占离岸总额的 63.4%，高于离岸 ITO 全国平均比重 13.4%，说明北京的离岸 ITO 仍然是整个产业的发展重心[132]。离岸 BPO 执行金额占比19.5%（5.68 亿美元）。值得注意的是，离岸 KPO 业务发展迅速，2013 年 1~9 月比重增至 17.1%（4.97 亿美元），大有赶超离岸 BPO 业务的势头。

北京市离岸服务外包发展的显著特点在于以离岸 ITO 为主，核心竞争力定位于全球价值链上游的设计与研发环节服务，企业竞争力强，显现出强劲的产业聚集效应。北京拥有大量高校、计算机核心机构，具备专业人才聚集的先天优势。北京的离岸服务外包起步较早，1990 年，第一批离岸服务外包企业兴起于世界大型跨国公司在中国实现软件本地化的大潮中。北京离岸服务外包的发展以信息技术外包（ITO）为基础，在市场开拓之初以人才成本优势进行快速拓展，现在正逐渐向生物医药、金融电信、呼叫中心等商务流程外包（BPO）领域进行开拓，目前以中关村软件园为中心，引进和吸纳了大批竞争力较强的离岸服务外包企业。

（2）辽宁省离岸服务外包现状。

大连市是全国发展离岸服务外包最早的城市之一，其离岸 ITO 兴起于 1998 年，2012 年大连高新区已经建成全国首个软件和服务外包千亿产业集群。多年来大连市一直以打造成"中国的班加罗尔"为目标，至今已具备了成为世界服务外包著名接包城市的条件。2012 年大连离岸服务外包合同签约金额和执行金额分别同比增长 38.7% 和 40.0%。2013 年承接离岸服务外包合同金额为 20.31 亿美元，同比增长12.46%；执行金额 16.5 亿美元，同比增长 7.91%[133]。大连离岸服务外包的明显特征在于依托口岸优势，信息技术外包（ITO）业务发展成熟，对日离岸服务外包业务依赖度高，市场定位准确，自主培养大批软件专业人才。大连市被国家版权局授予全国第一个软件版权保护示范城市，通过 CMM5 级和 CMMI5 级评估的企业数量超过全国的 25%，软件和服务外包已在国内形成了领先优势。

大连离岸服务外包在市场定位上，利用区位优势好、合作交流频繁、日语人才多的便利条件，与日本维系密切的贸易、经济、文化关系。但是，大连对日本离岸业务依赖程度高，因而在 2013 年，受到日元贬值影响，对日离岸服务外包业务呈现下降趋势，承接对日离岸服务外包合同金额 12.64 亿美元，较上年减少 1 亿美元；全市离岸服务外包总额的比重62%，较上年下降7%左右[133]。同时，大连也在不断开拓欧美市场。大连市软件与服务外包企业已超过1500家，该领域内世界500强企业已接近100家，承接世界著名跨国公司业务对全市离岸服务外包发展起了积极带动作用。IBM、埃森哲、简柏特、东软大连、大连华信等世界前十大服务外包企业离岸业务执行额将达8亿美元，占全市离岸业务总额的50%。其中，IBM一家企业的年离岸服务外包业务执行额就超过2亿美元，埃森哲离岸服务外包业务执行额也超过1亿美元。在人才培养方面，大连市率先创办软件学院，走在全国前列，并且坚持实行学历教育和职业培训双轨运作模式，保证了服务外包人才源源不断地进行输送。目前，全市成立软件学院共5所，与此同时大连31所高等院校每年能向市场输送1.8万名软件相关人才。大连还搭建了10个软件培训基地，搭建企业、实训机构连接的桥梁和纽带。

（3）吉林省离岸服务外包现状。

大连等城市业已形成的离岸服务外包聚集效应还辐射到了周边地区，尤其是商务成本较低的东北三省的其他城市，如沈阳、长春等。以吉林省为例，自从2005年以来，吉林省陆续出台多项政策措施，大力发展离岸服务外包，取得了巨大成效。中国商务部公布的数据显示，截至2012年，吉林省离岸服务外包业务执行金额15.8亿元人民币，同比增长16%，新增合同金额26.9亿元人民币，同比增长50.3%[134]。其中全省离岸服务外包执行金额2888.9万美元，同比增长29%，新增合同金额3435.4万美元。现已实现了以长春市、吉林市和延吉市等城市为主体的产业发展核心区域，以及在巩固和壮大汽车和零部件设计、软件设计基础上，力争在影视动漫、文化创意、广告设计、技术咨询、生物医药重点领域培育和引进国内外服务外包强企上实现突破的产业格局。

但是，对比辽宁省、长三角等发达省市，吉林省离岸服务外包差距依旧明显。一是离岸服务外包发展较晚，企业分散且规模较小，产业基础薄弱，大型项目和国内外知名服务外包品牌少。二是服务业整体对外开放度低，对外交流少，服务外包企业对外信息沟通不多，离岸服务外包发展缓慢。三是行业发展不平衡，还有更大的发展潜力和空间。目前，服务业增加值占GDP的比重，全国为42.6%，世界平均值约为50%，发达国家约为70%，而吉林省还不到40%。四是仍处于产业价值链低端，业务以离岸 ITO 和低附加值的离岸 BPO 为主，几乎还没有高附加值的离岸 BPO 和离岸 KPO 业务。

（4）山东省离岸服务外包现状。

山东省也是离岸服务外包发展强省。济南市作为全国服务外包示范城市，其离岸服务外包业务主要包括软件服务外包、工程设计外包、财务咨询、数据处理、售后服务、金融服务、呼叫中心、物流供应、会展服务等业务。2009 年，济南市离岸服务外包合同执行额 1.2 亿美元，同比增长 46%。截至 2013 年，离岸服务外包执行金额已达到 15.1 亿美元[135]。离岸服务外包出口主要面向日本、美国、加拿大、巴基斯坦、韩国、菲律宾等国家和地区。青岛市作为非服务外包示范城市，其服务外包业务已经从低端的技术外包向商务流程外包、高端的研发外包延伸，涵盖海外高端银行业务研发、全球保险公司系统解决方案、手机产品软件设计等。根据青岛市商务局的数据，2013 年，青岛全年承接离岸服务外包合同额 24.4 亿美元，执行额 17.1 亿美元，同比分别增长 122.4%、103.1%，实现青岛离岸服务外包执行额连续 5 年倍增，产值位居全国 15 个副省级城市第九，近 3 年来增速甚至赶超示范城市中的武汉、厦门和西安[136]。

（二）中部地区现状

相比东部地区业已成型的产业聚集带来说，中西部地区的离岸服务外包发展仍处在以点带面的发展阶段，即以各省示范城市为轴心，以服务外包园区为基点，带动省内周边城市业务的发展，但是由于中西部省份示范城市的离岸服务外包规模尚有不足，因此暂未形成产业聚集的辐射效应。

但是相较东部，近年来中西部地区保持了增速领先优势。随着东部沿海地区资源紧缺的加剧、人力成本的迅速上涨、环境压力的加大，中西部地区在资源、成本和环境等方面的优势日益凸显。加之受“西部大开发”推动，二、三产业加速向中西部地区转移，市场需求不断扩大。IBM、微软、惠普等国际知名 IT 企业深刻认识到中西部地区的巨大发展潜力，已纷纷在西安、成都、武汉等中西部城市设立分部，抢先布局；用友、腾讯、华为等国内 IT 企业也加速跟进，在中西部地区设立分支机构。例如，2013 年 10 月，腾讯科技与重庆合作，在北部新区软件产业中心设立研发基地，开展大数据、移动互联网、电子商务等业务。在政府、企业、市场的共同推动下，中西部地区离岸服务外包迅速发展，尤其是西部地区，增速连续 4 年领先全国。从所占比重看，中西部地区离岸服务外包占全国的比重不断提升。2012 年比重为 13.8%，2013 年 1 ~ 9 月该比重为 14.4%[137]。在西部城市信息化投资的旺盛需求以及离岸服务外包支持政策逐步落实的推动下，预计 2014 年，中西部地区离岸服务外包增速将继续领先全国，成为中国离岸服务外包发展的重点地区，东部地区保持平稳增长，推动产业区域布局优化调整。

在中部各省中，湖北的离岸服务外包规模最大。根据湖北省经信委数据显示，截至 2013 年上半年，湖北省服务外包实现总体收入 70.22 亿美元，其中 ITO 收入额达 49.03 亿美元，排中部第 1 位，全国第 13 位[138]。武汉市 ITO 收入达 48.75 亿美元，在全国副省级城市中排在第 11 位。从产业分布看，全省 ITO 主要集中在武汉市，无论从收入或是企业分布都占据湖北省 95% 以上的比重。

2013 年南昌服务外包合同总额达 10.05 亿美元，同比增长 32.6%，合同执行金额 4.45 亿美元，同比增长 23.6%[139]。江西汇天科技有限公司、中投科信科技有限公司入选中国服务外包成长型企业 100 强。

湖南省离岸服务外包以传统的软件外包、呼叫中心、第三方物流为主。2013 年，湖南省服务外包持续快速增长，服务外包执行金额预计达 92.5 亿元，同比增长 32.2%[140]。全省服务外包逐步向设计研发、档案数字化、人力资源管理、金融外包、供应链管理、医学检验等 BPO 和 KPO 领域延伸。

（三）西部地区现状

在西部地区中，重庆的离岸服务外包发展迅猛。2013 年，重庆市新增服务外包企业 500 家，服务贸易进出口总额 105 亿美元，同比增长 30%，首次突破 100 亿美元大关，在西部地区居于前列。离岸服务外包执行额 11 亿美元，同比增长 33%，在中西部地区位列第一[141]。重庆被评为中国西部离岸服务外包最具竞争力城市。

与重庆相比，成都在结构布局和引进外资企业上花费了大力气。从 2001 年至今，成都市建立了包括国家软件产业基地、国家"863"软件专业孵化器、国家软件出口创新基地、国家数字媒体产业化基地、国家集成电路设计产业化基地、国家信息安全成果产业化基地等在内的多个国家级产业基地。截至 2012 年,全球外包前 100 强中已有 21 家落户成都,其中前 10 强 3 家,前 30 强 9 家;中国服务外包 10 大领军企业已有 6 家在成都设立分支机构;近 46 家跨国集团在成都设立了全球支付中心、共享服务中心和研发中心。同时,成都本土的 9 家离岸服务外包企业跻身中国服务外包成长性企业 100 强,成都服务外包已经初步显现一个立体化、成体系、分领域的发展格局。成熟的格局确保了产业规模的快速发展,从 2001 年至今,成都离岸服务外包保持年均增长 45% 以上。2012 年,承接离岸服务外包合同金额达 9.86 亿美元,同比增长约 61.17%;离岸服务外包执行金额约 7.28 亿元,同比增长约 56.22%[142]。

西安离岸服务外包的发展一直走在国内前列。西安依托自身的人才、商务成本、基础设施和政策资金四大优势,已经发展成为西部离岸服务外包的排头兵,在"2014 年全球服务外包城市前 100 强"评比中排名第 62 位。自 2001 年以来,西安一直是中国发展离岸 ITO 的重要基地,2006 年被商务部认定为"中国服务外包基地城市",2009 年被国务院认定为"中国服务外包示范城市",被 IDC 评为"理想的全球服务外包实施地",2012 年在中国服务外包城市投资满意度排名中位于第二,已跻身前列。在第六届(2013)全球外包大会举办的"2013 年度中国服务外包风采城市评选颁奖仪式"上,西安市被评为"中国服务外包中西部最具竞争力城市"。

目前,西安有超过 1400 家服务外包企业,从业人数超过 12 万人,全市已初步形成了以西安高新软件园为中心的七个服务外包示范园区格局,统称为"一核六区"。园区企业分布呈金字塔结构,吸引了多家世界 500 强企业、国内龙头企业和本市中小型企业,对周边地区起到带动辐射作用,其业务范围涵盖离岸 ITO、离岸 BPO 以及离岸 KPO 各个层面。现有的离岸服务外包企业中有 22 家"世界 500 强企业"、10 家"IAOP 全球服务外包百强企业"以及 9 家"2012 年中国十大服务外包领军企业"[143]。同时还有将近 70% 的中小企业,这些企业在某些专业领域体现出强劲的创新活力。发展服务外包已经成为助推西安产业结构转型升级、调整优化城市空间布局、发挥区域引领带动作用和建设国际化大都市的重要引擎。

二、中国离岸服务外包区域结构方面存在的问题

（一）产业整体大而不强，过度集中于示范城市

2008 年经济危机造成世界离岸服务外包整体需求下降，对中国造成冲击，使得中国企业的盈利模式亟待从降低人力成本转变到提升单价利润上来。在 2006 年以来的离岸服务外包发展中，服务外包示范城市和示范园区的拉动作用显著。截至 2011 年，中国的服务外包园区已达 150 家，其总产值占全国服务外包总收入的 80%。同年，21 个示范城市的服务外包接包金额为 408.2 亿美元，占全国服务外包总接包金额的 90.9%[143]。

（二）地区发展差异日趋扩大①

2012 年，大连高新区建成全国首个软件和服务外包千亿产业集群。同时，南京、武汉等示范城市已经形成了以离岸 ITO 业务为主导，各细分行业外包共同发展的良好格局。相比较而言，部分中西部省市则发展缓慢。如图 4.1 所示，2006～2011 年，对全国离岸 ITO 发展的贡献主要来自东部省份，值得注意的是，中部的收入额（0.456 亿美元）在 2006 年时超过西部（0.184 亿美元）1.48 倍，但到 2011 年时仅为西部总量（4.339 亿美元）的 40%，西部诸省实现了跳跃式的赶超。再如图 4.2 所示，泰尔（Theil）指数反映的是各地区间离岸 ITO 发展的差异度，Theil 指数越大，表明离岸 ITO 发展的地区差异越大。从全国总体趋势看，2006～2011 年总体地区差异呈现不断扩大的趋势，尤其是西部地区差距扩大的趋势快于全国，而中东部地区差异度基本保持平稳。值得一提的是，2011 年，由于西部各省对离岸 ITO 发展的重视度普遍提高，同时同质化竞争加剧，导致 Theil 指数显著下降。

---

① 由于无法获取中国省域间离岸服务外包数据，因此本章采用各省离岸 ITO 数据进行替代，下文相同。

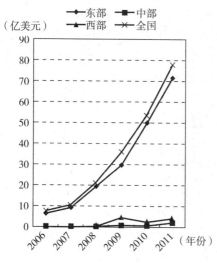

图4.1　中国离岸信息技术外包（ITO）收入

注：以上为除西藏、青海、宁夏、新疆4省区市之外的全国27省区市数据。

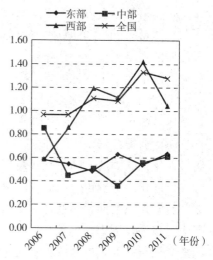

图4.2　中国离岸 ITO 发展 Theil 指数

注：以上为除西藏、青海、宁夏、新疆4省区市之外的全国27省区市数据。

（三）产业相关技术提升缓慢，难以适应客户的高端需求

据 Gartner 的研究数据显示，2011 年中国位列全球离岸 ITO 承接地排名的第一，但与发达国家高端离岸 ITO 相比，技术上仍有较大差距。要成为离岸 ITO 第一大国，中国应进一步提升离岸 ITO 的质量和技术水平。近年来，中国大型软件服务企业纷纷抢滩布局云计算等前沿领域，服务外包的竞争力不再仅仅依赖于规模经济所带来的效益，也取决于企业的互联网化能力、市场快速响应能力、技术转化能力和持续创新能力。

第二节　离岸服务外包区域结构的研究设计

一、理论基础

目前，国内众多文献从离岸服务外包示范城市的基础设施建设、教

育体系、商务与人力成本以及沟通能力等方面来考察全国各地区，尤其是 21 个服务外包示范城市的离岸服务外包发展。但是这些因素只揭示了各地区离岸服务外包存在差异现状的原因，但是并没有站在长期动态的角度挖掘全国不同地区离岸服务外包发展潜力日趋扩大的差异性。

结构经济学理论认为，一国要素禀赋结构在中观层面决定了产业最优结构，而进一步在微观层面决定了企业规模大小、发展水平和风险大小。而产业提升的根本驱动力在于资本和劳动力的比重由初级阶段向高级阶段变化，因此，在特点区域内，一个产业长期发展和升级过程中，起决定性作用的应该是与区域间该产业密切相关的要素禀赋的绝对数量以及要素禀赋之间相对数量的变动。而区域经济学则认为，在一个产业形成集聚的过程中，地理区位、距离生产要素和市场的距离等区位选择因素同样对产业发展具有关键性作用，而这些因素同时也是造成产业的区域结构产生变化的重要原因。

从上述理论可以看出，对于离岸服务外包来说，该产业既是劳动力密集型产业，又是技术密集型产业，同时，不同区域开展离岸服务外包业务均首先针对地理位置相近国家的客户。因此，我们认为传统要素禀赋中的资本和人力，新型要素禀赋中的技术以及区位因素是造成离岸服务外包区域结构现状以及推动区域结构发生变化的决定因素。由此，本书引入区域经济学范畴内的区域创新系统来分析区域内要素禀赋的差异对离岸服务外包区域结构产生的影响。

二、研究假设

区域创新系统（Regional Innovation Systems，RIS）最早由 Cooke（1992）[144]首次提出，是指在特定的经济区域内，各种参与技术创新的相关主体（机构和组织）以及协调各主体关系的制度和政策网络。技术创新的主体包括相互合作的企业、高校、政府及中介服务机构等，各主体通过资源共享、优势互补等方式进行合作，产生知识溢出效应以及创新累积效应来提升技术创新能力（Breschi and Lissoni，2001）[145]。Ivanova 和 Leydesdorff 根据区域创新系统提出三重螺旋模型（如图 4.3 所示），其中 Business 代表企业，Science 代表高校，Government 代表政府，三者重合的部分代表各主体相互合作进行技术创新活动的要素投入，BS、BG 和 SG 分别代表企业与高校合作，企业与政府合作以及高校与政府合作，BSG 代表企业、高校和政府三者共同合作，由于缺少三者合作要素投入的相关数据，因此本书主要关注三大主体间两两合作的要素投入[146]。

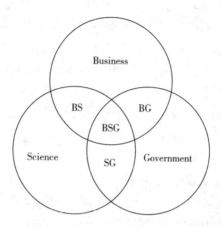

图 4.3　企业—高校—政府三重螺旋

（一）企业主体

离岸服务外包企业同时具有技术密集型和劳动密集型的特性，是区域创新系统中的产出性主体，承担着软件和信息技术服务输出的功能（曾鸿志和黄思明，2012）[147]，因而也是技术创新主体。企业要素投入区域创新系统的形式主要是人力和资本，企业家需要以最有效的方式来配置这些资源，通过内部自主研发或外部合作研发的途径来增强自身技术创新能力（David et al.，2000）[148]，进而开发并生产出有竞争力的新产品。刘和东（2011）[149]则通过知识生产函数证明了企业内部研发的知识溢出效应对当期产业发展无显著影响，但与滞后一期的产值增长显著正相关。

因此，本书提出如下假设：

H4－1：一定区域内，区域创新系统中的企业研发人力要素投入与该区域离岸服务外包发展正相关。

H4－2：一定区域内，区域创新系统中的企业研发资本要素投入与该区域离岸服务外包发展正相关。

（二）高校主体

高校具有良好的科研人力资源和设备条件，科研力量强大，相比企业来说，在研发方面的优势明显（胡浩民等，2011）[150]。在一定区域中，高校不仅为当地企业培养高技能的劳动力，而且是基础研究的生产者。因此，高校是区域创新系统中的创造性主体，技术创新的要素投入以人力为主，资本为辅，承担知识生产功能（曾鸿志和黄思明，2012）[147]。高等院校基础研究的高技能劳动力培养与知识溢出效应共同构成一个地区技术创新的区位优势（任志安和王立平，2006）[151]，高校对企业的知识溢出效应只局限于特殊行业领域，并且是单向的，即仅从高校流向企业而没有反向流动（Jaffe，1986）[152]，推进企业的技术创新活动和高技术产业发展。

因此，本书提出如下假设：

H4-3：一定区域内，区域创新系统中的高校研发人力要素投入与该区域离岸服务外包发展正相关。

H4-4：一定区域内，区域创新系统中的高校研发资本要素投入与该区域离岸服务外包发展正相关。

（三）政府主体

政府是区域创新系统中支持性主体的代表，该类主体还包括金融机构及中介服务机构等。中国政府参与当地创新活动的传统途径主要是通过设立分别流向企业和高校的科研资金，如科技型企业创新基金或高校科研基金项目等，以扶持区域内的技术创新活动。从这个角度看，政府参与区域创新系统运行的要素投入形式以资本为主。除此之外，在区域创新系统中，政府职能也体现在为企业与高校合作搭建有效平台，重点支持公共或公益性的科技研究，以弥补市场失灵造成的空缺，同时鼓励企业参与合作，创造更多的技术创新产品（胡浩民等，2011）[150]。

因此，本书提出如下假设：

H4-5：一定区域内，区域创新系统的政府对企业研发资本投入与该区域离岸服务外包发展正相关。

H4-6：一定区域内，区域创新系统的政府对高校研发资本投入与该区域离岸服务外包发展正相关。

（四） 区域创新系统效率

国内相关文献从区域创新系统的运行效率方面研究不同产业的发展，形成了较成熟的框架体系。郑旭等（2012）[153]从理论上分析了在ITO 公共服务平台上政府、企业及高校协同创新的模式对产业发展的影响，但缺乏实证检验。郭效中（2012）[154]研究三大创新领先省市区域创新系统的特点，认为北京是高校主导协同型，江苏是企业主导协同型，广东是企业主导但协同不足型，得出企业和高校协同性越高越有利于当地产业发展的结论。刘和东（2011）[149]着重分析区域创新系统运行效率产生作用的滞后性，指出要素投入在当期系统效率对产业发展无显著影响，但对一阶及二阶滞后的产业发展影响显著的结论，其研究未考虑行业异质性。

因此，本书提出如下假设：

H4-7：当期区域创新系统效率对该区域离岸服务外包发展无显著影响。

H4-8：滞后一期的区域创新系统效率与该区域离岸服务外包发展正相关。

（五） 区位因素

根据地理学第一原理，世间事物普遍存在联系，距离越近的事物联系越紧密。众多学者阐述了区位因素对离岸服务外包发展的重要影响。喻春娇（2009）[155]认为武汉市相对东部地区服务外包示范城市来说，吸引离岸服务外包的综合竞争力相对不足，但整体商务环境和人才储备上具备优势。林康（2007）[156]认为应该大力拓展江苏省身为东部经济发达省份的良好区位条件，密切关注国际最新技术发展趋势，加强离岸服务外包技术研发，引领产业向离岸 KPO 等高端业务推进。

因此，本书提出如下假设：

H4-9：东部地区的区位条件对该区域离岸服务外包发展正相关。

H4-10：中西部地区的区位条件对该区域离岸服务外包发展负相关。

第三节　中国离岸服务外包区域结构的实证分析

一、变量体系

(一) 因变量

本章研究中国离岸服务外包区域结构，也即中国各区域内离岸服务外包的发展。但是由于中国离岸服务外包的统计标准和统计体系尚未完全建立，因此，无法获得各地区离岸服务外包整体数据，只能采用《中国电子信息产业统计年鉴 (软件篇)》中的离岸 ITO 数据作为替代。由此，本书采用各省软件外包服务出口收入 (ITO) 作为因变量，同时将相同统计口径的软件业务收入 (Income) 和软件出口收入 (Export) 作为稳健性检验的替代因变量。

(二) 自变量

本书研究区域创新系统的参与主体要素投入及其相互合作产生的影响，可按主体不同将自变量分为三类，即企业、高校和政府，每类主体可按要素投入分为资本要素投入和人力要素投入两类。刘和东 (2011)[149] 使用企业研发人员全时当量来衡量技术创新活动中的人力要素投入，用研发经费①衡量资本要素投入。本书沿用这一思路，设定自变量指标体系如下：

1. 企业变量

企业变量包括三个指标：用企业研发人员全时当量 (Rstaff) 作为企业技术创新人力要素的投入；用企业研发经费内部支出中的企业资金

---

① 本书所有研发经费支出均参考 Griliches (1990)，采用永续盘存法来获得，公式为 $RD_{it} = RD_{it-1}(1-\delta t) + I_{it}$ 其中：i 代表第 i 个城市，t 代表第 t 年。I_{it} 是不变价格计算的当年研发经费投入额，RD_{it} 是不变价格计算的当年研发资本存量，计算公式为 $I_{it}/10\%$，δ 为折旧率，沿用 Griliches 的设定，取 15%。

（BBExpense）作为企业内部技术创新资本要素的投入，该指标用企业资金占企业研发内部支出的比例来表示；用企业研发经费外部支出中对高校的支出（BSExpense）作为企业与高校技术创新合作的资本要素投入，该指标具体用高校研发经费筹集中企业资金所占的比例来表示（刘和东，2011）[149]。

2. 高校变量

高校变量包括两个指标：高校主要靠向企业输出高技术人才和从事科研项目来参与区域技术创新活动，因此用软件企业硕士以上员工（Pstaff）作为高校参与技术创新的人力要素投入，指标取对数；用高校研发经费外部支出中对企业的支出（SBExpense）作为高校资本要素投入，该指标用高校对企业支出占高校研发经费外部支出的比例来表示。

3. 政府变量

政府变量只有资本要素投入，包括两个指标：用政府向企业投入的研发经费（GBExpense）作为政府对企业技术创新活动的资本要素投入，该指标用政府资金占企业研发经费内部支出的比例来表示；沿用方一兵和范旭（2008）[157]的变量选择，用政府向高校投入的研发经费（GSExpense）作为政府向高校创新活动的资本要素投入，该指标用政府资金占高校研发经费筹集总额的比例来表示。

4. 区域创新系统效率

国内文献采用了各种方法来对区域创新系统的运行效率进行测算。姜彤彤和伍德昆（2012）[158]用Malmquist指数对重庆市企业的技术创新效率进行了评价。官建成和余进（2005）[159]用DEA方法度量G7等国的国家创新系统的运行效率，并采用滞后两期的产出和投入指标来反映技术创新要素投入到成果输出的延迟性。孙辉等（2010）[160]将省级TFP作为自变量，采用Newey-West异方差自相关方法估计了它对当地经济增长的影响，并得到显著正相关的结论。综合前期研究，本书拟采用Malmquist指数来度量区域创新系统的运行效率。

DEA-Malmquist指数法对生产率增长原因的分解源自DEA方法

（Fare，1994）[161]，并广泛用于测度不同经济系统的运行效率。投入指标即采用自变量中的企业、高校和政府变量的要素投入，产出指标采用当年该地区的专利授权量（Patent）来度量①[162][149][163]。离岸ITO企业通常以软件发明或新型服务的方式作为产品创新，并且该行业与信息安全和知识产权保护密切相关，因此认为专利的三种类型均与离岸ITO的产出有关，最终采用专利授权总量来进行度量。在观测期上，考虑到采用DEA方法计算区域创新能力时，从各主体创新活动要素投入到获得专利之间有时间延迟，因此本书将投入指标滞后一期进行输入。在模型设定上采用产出导向，可变规模报酬的BCC模型。具体计算公式如下：

设对区域创新系统而言，N种要素投入 $x_k \in R_+^N$，经由生产技术 T_k^t 转化为M种产出 $y_k \in R_+^M$。在时期t内，

$$T_k^t = \{ (x_k^{t-1}, y_k^{t-1}) \mid x_{k-1} 能够生产出 y_{k-1} \} \qquad (4-1)$$

$$TFP = \left[\frac{d^t (x_k^{t+1}, y_k^{t+1})}{d^t (x_k^t, y_k^t)} \times \frac{d^{t+1} (x_k^{t+1}, y_k^{t+1})}{d^{t+1} (x_k^t, y_k^t)} \right]^{\frac{1}{2}} \qquad (4-2)$$

其中，(x_k^{t+1}, y_k^{t+1}) 和 (x_k^t, y_k^t) 分别为 $t+1$ 时期和t时期的投入以及产出向量，d^{t+1} 和 d^t 分别为将t时期技术 T^t 作为参照物，时期 $t+1$ 以及时期t的距离函数。Malmquist指数测度了在时期t的技术条件下，从时期t到 $t+1$ 的全要素生产率的变化。

5. 区位因素

本书为研究全国各地区离岸ITO发展的不同特征，加入代表东部（Eastern）、中部（Central）和西部（Western）等区位因素的虚拟变量，数值取0或1。

（三）控制变量

直观认为，区域创新系统参与主体的数量应与离岸ITO发展具有显著正相关关系，因此本书选取软件企业技术从业人员（Sstaff）、区域内软件企业数量（Cor）及高校数量（Univ）作为控制变量。

---

① 虽然Griliches（1979）认为专利作为创新产出来说是一个有瑕疵的变量，因为并不是所有的创新都申请专利，但是仍有诸多文献采用发明专利授权量（刘和东，2011）或专利申请量（傅利平，2012）来作为创新系统的产出变量。

二、模型建立

为验证假设 4 - 1 ~ 假设 4 - 6，本书设定了如下线性回归模型：

$$ITO_{it} = \beta_0 + \beta_1 X_{it} + \beta_2 dummy_{it} + \beta_3 controls + \varepsilon_{it} \qquad (4-3)$$

其中，i 为省份，t 为年份，ITO 为离岸 ITO 收入，X 为企业变量、高校变量和政府变量，dummy 为东、中、西部虚拟变量，controls 为控制变量，ε 为残差。

为验证假设 4 - 7 ~ 假设 4 - 10，本书将自变量换成区域创新系统效率后，得到如下模型：

$$ITO_{it} = \beta_0 + \beta_1 TFP_{it} + \beta_2 TFP\_1 + \beta_3 dummy_{it} + \beta_4 controls + \varepsilon_{it}$$

$$(4-4)$$

其中，TFP 为用 Malmquist 指数度量的当期创新系统的运行效率，TFP_1 为用 Malmquist 指数度量的滞后一期创新系统的运行效率[1]。其他变量的含义同前。

三、数据来源与描述性统计

关于区域创新系统的研究单元，一般选择城市或省级维度，本书鉴于人员和经费的作用通常在省内城市流动，因此将省级层面作为研究单位。本书数据来源为中国科技统计年鉴、各省统计年鉴以及中国电子信息统计年鉴。包括中国 23 个省市自治区在 2006 ~ 2011 年的面板数据[2]。表 4.1 列示了本书变量的操作性定义、基本统计量和数据来源。

表 4.1 变量操作性定义及数据来源

变量名称	平均值	标准差	最小值	最大值	操作性定义及数据来源
ITO	14. 354	30. 061	0. 002	181. 376	实际软件外包服务出口收入（单位：亿元）[a]

---

① 为检验区域创新系统运行情况对 ITO 产出的影响是否具有滞后性，本书将 TFP_1 也放入模型。

② 为了保证观测期，本书不得不删除数据缺失的广西、海南、贵州、河南、新疆、西藏、宁夏和青海 8 省数据样本。

变量名称	平均值	标准差	最小值	最大值	操作性定义及数据来源
Income	491.680	720.290	5.710	3087.760	实际软件业务收入(单位:亿元)[a]
Export	65.334	165.086	0.011	892.121	实际软件业务出口收入(单位:亿元)[a]
Patent	2.504	3.619	0.105	20.000	发明等三种专利授权量之和(单位:万件)[b]
Rstaff	10.444	0.856	8.700	12.630	企业研发人员全时当量(单位:人年)取对数[c]
BBExpense	0.916	0.051	0.704	0.974	企业研发经费中的企业资金/企业研发内部支出[c]
BSExpense	0.229	0.106	0.035	0.502	企业给高校的研发经费/企业研发经费外部支出[c]
Pstaff	8.109	1.714	4.248	11.074	软件企业硕士以上人员(人)取对数[a]
SBExpense	0.275	0.142	0.025	0.702	高校给企业的研发经费/高校研发经费外部支出[c]
GBExpense	0.055	0.040	0.016	0.185	政府给企业的研发经费/企业研发经费内部支出[c]
GSExpense	0.574	0.102	0.068	0.772	政府给高校的研发经费/高校研发经费内部支出[c]
Eastern	0.435	0.498	0.000	1.000	东部省份虚拟变量,该类型特征为1,否则为0[d]
Central	0.304	0.463	0.000	1.000	中部省份虚拟变量,该类型特征为1,否则为0[d]
Western	0.261	0.442	0.000	1.000	西部省份虚拟变量,该类型特征为1,否则为0[d]
Sstaff	9.746	1.435	6.542	12.855	软件企业软件研发人员取对数[a]
Cor	851.070	1012.940	58.000	4670.000	软件企业数(个)[a]
Univ	84.033	27.472	34.000	139.000	普通高等学校数(所)[b]

注:上述经费均为以2005年为基期的实际金额,离岸ITO及软件业务出口收入均以当年平均人民币对美元汇率换算成人民币。

资料来源:a. 中国电子信息产业统计年鉴(软件篇);b. 各省统计年鉴;c. 中国科技统计年鉴;d. 本书整理。东部省份指北京、天津、河北、辽宁、山东、江苏、上海、浙江、福建、广东等,中部省份指黑龙江、吉林、山西、湖北、湖南、安徽、江西等,西部省份指内蒙古、陕西、四川、重庆、云南、甘肃等。

为了进一步分析各地区的区域创新系统各主体要素投入的差别,将各省主要变量的平均值按照东、中、西部进行细分，如表4.2所示。东部地区的离岸 ITO 收入总量和专利数量均远远超过中部和西部地区，但是创新系统的投入要素比例却并未表现出明显高于其他两个地区，企业与高校之间相互的研发资金投入（BSExpense and SBExpense）、政府对企业研发资金投入（GBExpense）甚至还低于中西部地区。西部地区收入总量平均值是中部地区的 3.75 倍，而专利总量及企业、高校、政府要素投入则与中部地区基本持平。

表4.2　　　　　　　　东、中、西部变量的平均值比较

	ITO	patent	Rstaff	BBE	BSE	Pstaff	SBE	GBE	GSE
Eastern	30.150	4.690	11.060	0.930	0.160	9.270	0.290	0.040	0.570
Central	0.970	0.850	10.200	0.920	0.300	7.350	0.320	0.060	0.570
Western	3.640	0.800	9.690	0.890	0.260	7.070	0.180	0.080	0.590
Total	14.354	2.504	10.444	0.916	0.229	8.109	0.275	0.055	0.574

图4.4 中的散点图直观地反映了区域创新系统运行效率与离岸 ITO 发展的关系。从图中可以看出，除了辽宁省由于离岸 ITO 产业规模过大可能存在一定的技术规模不经济之外，东部地区各省区域创新系统的运行效率值均大于 1，表示东部省份区域创新系统运行良好，基础设施、交流平台和政策法规完善，使得系统内各主体合作顺畅，在投入要素均等的情况下能够创造更大产出。而中西部地区各省的区域创新系统运行效率值则基本均等地分布在 1 左右。其中，西部地区离岸 ITO 收入较高的有四川省和重庆市，但这两个省市的效率值均低于 1，尤其是四川，效率值为 23 省中最低值，表明在技术创新活动中存在要素投入的浪费。另外值得注意的是图4.4 右下角的安徽、内蒙古和福建等省，虽然这些省份的离岸 ITO 收入不高，但是区域创新系统的运行效率较高，表明各技术创新主体合作效率及要素投入的使用效率高，技术创新潜力很大，为产业向高端发展提供了基本条件。

四、实证结果与分析

为了验证 H4-1~H4-6，本书采用 OLS 估计了模型 4-3，回归结

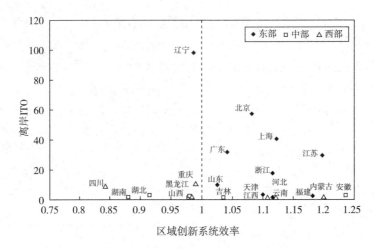

图 4.4   区域创新系统的运行效率与离岸 ITO 发展的散点图

果呈现于表 4.3。第（1）~（8）列均将企业、高校和政府要素投入指标全部放入模型中进行回归，第（1）列为 OLS 结果，调整 R^2 为 0.663，表明模型对离岸 ITO 发展的解释程度较高。并且从第（1）列可以看出，除了高校向企业的研发资金投入（SBExpense）和政府向高校的研发资金投入（GSExpense）不显著之外，其余指标均为显著。企业要素投入的三个指标均在 1% 的水平上与离岸 ITO 发展显著相关。其中，企业研发人员（Rstaff）对离岸 ITO 发展的贡献度达到 0.431，超过了企业自主研发资金（BBExpense）的贡献度（0.262），表明相比技术创新的资本要素而言，人力要素是产业发展的重要因素。H4 – 1 得到支持。但是企业向高校投入的资金（BSExpense）却呈现对离岸 ITO 发展显著负相关，证实了傅利平等（2012）的结论，他对此数据结果的解释是企业与高校间相互合作中真正的技术创新活动较少，只在高技术产业区内才比较活跃。这一结果与高校向企业的研发资金投入（SBExpense）的不显著相对照，可能的原因在于，企业与高校的研发目的不一致，企业以产品作为技术创新的最终产出，而高校则侧重于生产论文或专利等科研成果，双方的合作机制运行效果不佳。（Medda et al.，2006）因此，H4 – 2 被否定。高校要素中的人力投入（Pstaff）与离岸 ITO 发展显著正相关，并且贡献度达到 0.886，大于一般的研发人员，表明高素质人才在离岸 ITO 发展中具有极其重要的作用。H4 – 3 得到支持。但由于高校向企业投入（SBExpense）不显著，因此 H4 – 4 没有得到支持。相比企业与高校要素，政府资金的贡献度明显偏低，政府向企业投入的研发资金（GBExpense）与离岸 ITO 发展显著正相关，但是仅有 0.183 的贡献值，H4 – 5 得到支持。另外政府向高校投入的研发资金（GSExpense）由于与企业收入增长的目标相差较远，因此对离岸 ITO 发展没有显著影响。H4 – 6 没有得到支持。

表 4.3　区域创新系统各主体的要素投入对离岸 ITO 发展影响的检验结果

	ITO						Export	Income
	(1)	(2)	(3)	(4)	(5)	(6)	(7)	(8)
BBExpense	0.262***	0.260***	0.283***	0.277***	0.178***	0.178***	0.149	0.353***
	(4.55)	(2.87)	(3.08)	(4.67)	(2.74)	(2.74)	(0.7)	(4.83)
BSExpense	-0.074***	-0.069***	-0.078***	-0.078***	-0.064***	-0.064***	-0.330***	-0.089***
	(-4.56)	(-3.70)	(-4.09)	(-4.69)	(-3.91)	(-3.91)	(-6.15)	(-4.83)
Rstaff	0.431***	0.381***	0.374***	0.442***	0.415***	0.415***	0.875***	0.302***
	(4.43)	(4.68)	(4.51)	(4.43)	(4.35)	(4.35)	(2.80)	(2.82)
SBExpense	0.051	0.906	1.239	0.006	0.103	0.103	1.11	2.673***
	(0.13)	(1.25)	(1.67)	(0.02)	(0.27)	(0.27)	(0.88)	(6.17)
Pstaff	0.886*	0.663	0.751	0.921*	1.035**	1.035**	4.495***	0.756
	(1.92)	(1.49)	(1.64)	(1.92)	(2.15)	(2.15)	(2.84)	(1.39)
GBExpense	0.183***	0.029	0.065	0.191***	0.230***	0.230***	0.372*	0.091
	(3.02)	(0.41)	(0.86)	(3.08)	(3.72)	(3.72)	(1.83)	(1.30)
GSExpense	-0.015	1.101**	1.176**	0.032	-0.075	-0.075	-3.714***	0.159
	(-0.04)	(2.05)	(2.20)	(0.08)	(-0.18)	(-0.18)	(-2.67)	(0.33)
cor	2.568***	1.752*	1.541	2.672***	3.032***	3.032***	4.671*	1.646*
	(-3.41)	(-1.79)	(-1.57)	(-3.47)	(-3.90)	(-3.90)	(-1.83)	(-1.88)
Sstaff	0.713***	1.008***	1.019***	0.746***	0.543***	0.543***	2.770***	0.157
	(-5.70)	(-4.83)	(-4.81)	(-5.78)	(-3.91)	(-3.91)	(6.08)	(1.00)
univ	0.190**	0.174	0.251	0.195**	0.132	0.132	-0.724**	-0.171
	(2.24)	(0.87)	(1.14)	(2.27)	(1.44)	(1.44)	(-2.41)	(-1.66)
Eastern					.	1.473**	.	0.218
					.	(2.31)	.	(0.35)
Central					-1.174**	0.3	3.255*	
					(-2.15)	(0.52)	(1.82)	

续表

	ITO						Export	Income
	(1)	(2)	(3)	(4)	(5)	(6)	(7)	(8)
Western					−1.473** (−2.31)		2.158 (1.03)	1.268* (1.77)
_cons	−0.453 (−0.71)	0.049 (0.06)	−0.787 (−0.76)	−0.947 (−1.26)	0.935 (1.05)	−0.538 (−0.86)	−0.582 (−0.20)	−0.566 (−0.57)
个体效应	No	Yes	Yes	No	No	No	No	No
年度效应	No	No	Yes	Yes	No	No	No	No
Adj−R^2	0.663	0.881	0.884	0.658	0.68	0.68	0.905	0.941

注：***、**和*分别代表在1%、5%和10%水平上拒绝原假设，括号中为基于White异方差标准误计算而得的t值。

第（2）列和第（3）列加入反映各省个体效应的虚拟变量，可以看出调整R^2有20%左右的提高，但是由于加入的个体效应与自变量出现共线性，因此部分自变量变得不显著。第（4）列单独加入了反映时间特征的年度虚拟变量，发现与第（1）列结果并无太大差别，表明各省离岸ITO发展随时间变化的趋势比较稳定。为了考察地区差异在离岸ITO发展中的影响，本书在第（5）列和第（6）列中加入了东、中、西部地区虚拟变量①，可以发现三个虚拟变量均对离岸ITO发展有很强的显著影响，其中东部地区虚拟变量（Eastern）与离岸ITO发展显著正相关，表明东部各省在发展离岸ITO上具有地理区位、基础设施和人力资源等优势条件。而在第（5）列中，中部地区虚拟变量（Central）和西部地区虚拟变量（Western）均为5%水平上的显著负相关，表明中、西部地区在发展离岸ITO上仍然相对来说存在劣势。在稳健性检验中，本书进一步采用软件出口收入（Export）和软件企业业务收入（Income）作为因变量，重新估计4-3，第（7）列和第（8）列的结果表明，在变量显著性和系数方向上与离岸ITO收入作为因变量时是基本一致的，但是东、中、西部虚拟变量显著性明显下降，说明相比软件服务出口等常规业务，离岸ITO发展受到区位的影响更加明显。

————————

① 因为Eastern、Central和Western三个虚拟变量存在完全相关性，不能同时出现在一个模型中，因此分为两列两两参与回归。

为了验证 H4 – 7 ~ H4 – 10，本书采用 OLS 估计了模型 4 – 4，回归结果呈现于表 4.4。首先在第（1）列中，仅使当期 TFP 参与回归，结果与前期文献一致，即由于创新成果的转化有一定滞后性，当期区域创新系统的运行效率对离岸 ITO 发展没有显著影响。H4 – 7 得到支持。在第（2）列和第（3）列中将滞后一期的区域创新系统的运行效率 TFP_1 放入模型，结果呈现显著正相关，并且具有很高贡献度（1.272），该结论与刘和东（2011）的结论一致，H4 – 8 得到支持。在第（4）列和第（5）列中加入东中西部虚拟变量后，呈现与 4 – 3 相同的结果，东部虚拟变量（Eastern）显著正相关，中部（Central）和西部虚拟变量（Western）显著负相关，因此 H4 – 9 和 H4 – 10 均得到支持。在第（6）列中加入年度虚拟变量后，变量显著性和系数方向基本没有变化。最后进行稳健性检验，采用软件出口收入（Export）和软件企业业务收入（Income）重新估计模型 3，当期和滞后一期的区域创新系统效率均不显著，但是方向没有变化。

表 4.4　　区域创新系统运行效率对离岸 ITO 发展影响的检验结果

	ITO						Export	Income
	(1)	(2)	(3)	(4)	(5)	(6)	(7)	(8)
TFP	0.376		0.57	0.542	0.542	0.504	– 2.533	– 0.305
	(0.59)		(0.90)	(0.88)	(0.88)	(0.65)	(– 0.66)	(– 0.21)
TFP_1		1.272 *	1.379 *	1.177	1.177	1.780 **	– 0.335	0.556
		(1.76)	(1.88)	(1.65)	(1.65)	(2.04)	(– 0.07)	(0.32)
Cor	1.943 ***	1.980 ***	1.964 ***	2.512 ***	2.512 ***	2.048 ***	3.443	2.764 *
	(– 2.78)	(– 2.88)	(– 2.85)	(– 3.63)	(– 3.63)	(– 2.90)	(– 0.79)	(– 1.67)
Sstaff	0.549 ***	0.544 ***	0.538 ***	0.557 ***	0.557 ***	0.553 ***	2.353 ***	1.272 ***
	(5.06)	(5.09)	(5.02)	(5.36)	(5.36)	(5.02)	(3.60)	(5.10)
Univ	0.089	0.101	0.106	0.073	0.073	0.098	0.584	– 0.023
	(0.88)	(1.00)	(1.05)	(0.68)	(0.68)	(0.95)	(0.86)	(– 0.09)
Eastern					1.600 **	.		0.353
					(2.26)	.		(0.23)
Central				– 1.710***	– 0.110		4.551	
				(– 2.70)	(– 0.16)		(1.14)	

续表

	ITO						Export	Income
	（1）	（2）	（3）	（4）	（5）	（6）	（7）	（8）
Western				－1.600**			1.842	－1.993
				（－2.26）			（0.41）	（－1.17）
_cons	－0.445	－1.391	－2.146	－0.314	－1.914	－2.774*	－3.685	2.657
	（－0.42）	（－1.26）	（－1.54）	（－0.20）	（－1.42）	（－1.74）	（－0.38）	（0.72）
个体效应	No	No	No	No	No	No	No	No
年度效应	No	No	No	No	No	Yes	No	No
Adj－R^2	0.386	0.404	0.403	0.444	0.444	0.393	0.396	0.529

注：***、**和*分别代表在1%、5%和10%水平上拒绝原假设，括号中为基于White异方差标准误计算而得的t值。

根据前面对各项假设进行的检验，本书将所有假设检验的结果整理如表4.5所示。

表4.5 假设检验结果整理

	研究假设	结果
H4－1	企业研发人力要素投入与该区域离岸 ITO 发展正相关	成立
H4－2	企业研发资本要素投入与该区域离岸 ITO 发展正相关	不成立
H4－3	高校研发人力要素投入与该区域离岸 ITO 发展正相关	成立
H4－4	高校研发资本要素投入与该区域离岸 ITO 发展正相关	不成立
H4－5	政府对企业研发资本投入与该区域 ITO 发展正相关	成立
H4－6	政府对高校研发资本投入与该区域 ITO 发展正相关	不成立
H4－7	当期区域创新系统效率对该区域离岸 ITO 发展无显著影响	成立
H4－8	滞后一期的区域创新系统效率与该区域离岸 ITO 发展正相关	不成立
H4－9	东部地区的区位条件对该区域离岸服务外包发展正相关	成立
H4－10	中西部地区的区位条件对该区域离岸服务外包发展负相关	成立

第五章

中国离岸服务外包政策结构研究

第一节 中国离岸服务外包政策结构现状与问题

目前，世界已经进入服务经济时代，全球产业结构加快调整，同时中国经济发展逐渐进入了以稳定增长、结构优化、提升质量为特征的新常态，离岸服务外包成为新常态下推动服务业和制造业融合发展，实现产业结构双升级的新引擎。根据商务部统计数据显示，离岸服务外包经历了 2006~2012 年年均复合增长率超过 30% 的粗放式超高速增长，在 2013 年进入产业结构调整期之后，从 2015 年 5 月开始产业增速逐渐回暖，除美欧等传统市场份额维持稳定外，新加坡、韩国、中国台湾等新兴市场开拓良好，互联网+整合新业态不断释放在岸服务外包市场潜力，中国服务外包也逐渐从价值链低端向高端转型。

服务外包作为中国战略型新兴产业，其迅速崛起与中国政府所采取的有效产业政策密切相关。2006 年，中国政府推行"千百十"工程，正式开始对离岸服务外包进行大力扶持和推进。按政策实施方法进行划分，中国政府鼓励离岸服务外包发展的政策可分为财政政策、货币政策、外汇政策和开放经济政策等。上述三大类政策均从国家层面和地区层面得到全面推广，收效良好。2007~2014 年，中国离岸服务外包业务执行金额从 13.2 亿美元跃升为 559 亿美元。另外，服务外包企业数量从 0.17 万家增加到 2.81 万家，从业人员数量从 10 万人上升到 607.2 万人，年均增长率分别达到 59.6% 和 98.25%。其中，相对于已经成体系的其他三大政策而言，外汇政策对从事离岸服务外包业务的企业来说影响非常大，直接影响离岸业务收汇风险、资金安全与利润高低。但是从政策实践上看，外汇政策则相对较少，仅有湖南省和重庆市的相关政策规定离岸服务外包企业可开立经常项目外汇账户，外汇收入可全额留存，而甚至没有国家层面的相关外汇管理政策出台，其重要性显然被低估。本书主要按照政策实施方法来对中国离岸服务外包政策进行划分，并分析现有政策结构。

一、中国离岸服务外包政策结构现状

离岸服务外包的政策结构划分主要有两种方式。第一种方式是按照政策实施方法进行划分，可分为财政政策（包括税收政策和政府财政拨款）、货币政策、外汇政策和开放经济政策。

（一）与中国离岸服务外包相关的财政政策现状

1. 税收优惠政策现状

（1）国家层面的税收优惠政策现状。

根据《国务院办公厅关于促进服务外包产业发展问题的复函》，从2009年1月1日开始至2013年12月31日止，对于21个服务外包示范城市中符合条件的技术先进型服务企业，将减按15%的税率征收企业所得税[164]。该政策曾在2006年7月1日在苏州工业园区进行试点推行并能使服务外包示范城市中的相关企业优惠40%的企业所得税，同时值得注意的是，该政策实行的时期基本上涵盖2008～2012年中国离岸服务外包高速增长的时期，因此，我们相信该税收优惠政策对中国离岸服务外包业务增长起到了重要推进作用[165]。

（2）地区层面的税收优惠政策现状。

21个服务外包示范城市在纷纷推行国家颁布的税收优惠政策的同时，有些城市还根据地区自身发展特点进行了更大幅度的政策倾斜。例如，2007年颁布的《天津市促进服务外包发展的若干意见》中规定，对天津滨海新区以及天津新技术产业园区中经天津市认定为高新技术企业的服务外包企业，不仅减按15%的税率征收企业所得税，并且自政策颁布之日始，新开办的上述内资企业和中外合资经营企业自获利年度起前2年免征所得税，后3年减半返还企业所得税，即通常所称的"两免三减半"，实行相同政策的还有湖南省[166][167]。哈尔滨市对企业所得税的优惠力度最大，除上述政策之外，哈尔滨市将 15% 企业所得税的范围扩大到包含被认定为高新技术企业的外商投资服务外包企业，并且当这类企业年出口额达到全年产值的 70%，将减按 10% 征收企业所得税[168]。

天津市对于营业税的优惠政策是，自开业年度起，前 2 年全额返还营业税，后 3 年减半返还营业税。对在本市新设立的服务外包企业总部或地区总部，对其新购建的自用办公用房，免征契税，并免征房产税 3 年[166]。而重庆市则对落户北部新区、经济开发区、高新区、西永微电子产业园区、长寿化工园区及特色工业园区、都市工业园区六大园区的服务外包企业实行"三免三减半"优惠政策[169]。

也有些省份针对离岸服务外包企业所购置的固定资产制定税收优惠政策，如根据四川省、安徽省、重庆市和济南市等相关政策的规定，对软件企业进口所需的自用设备以及随设备进口的技术（含软件）及配套备件免征关税和进口环节增值税[170][171][169][172]。而哈尔滨市和济南市还鼓励服务外包企业购置国产技术设备，将购置国产设备价格的 40% 递减当年企业所得税[168][172]。

2. 政府财政拨款现状

（1）国家层面的政府财政拨款现状。

国家各部委为扶持中国离岸服务外包发展设置了各项专项资金，如商务部、财政部使用中央外贸发展基金的"中小企业国际市场开拓基金"支持服务外包企业取得国际认证和开拓国际市场；信息产业部每年利用电子发展基金支持软件与信息服务外包项目，建设软件与信息服务外包公共支撑平台体系[173]。商务部和科技部办公厅设置的中小企业公共技术服务机构补助资金用于支持服务示范城市中中小服务企业创新项目[174]。这些专项资金将直接拨付给以 21 个示范城市为主的符合条件的离岸服务外包企业，用于开拓专项业务和进行技术开发。

（2）地区层面的政府财政拨款现状。

多个服务外包示范城市每年均由市政府下拨固定金额资金用于区域内离岸服务外包发展。例如，天津市每年拨款不低于 2 亿元，其中部分资金重点用于对应届大学毕业生和尚未就业的大学毕业生参加服务外包培训的支持[166]；重庆市、成都市和长沙市均每年拨款 5000 万元用于本市离岸服务外包发展，支持项目主要包括服务外包重点企业项目扶持、服务外包人才培训和服务外包公共服务平台等[169][175][176]；而南京市、杭州市和济南市均每年拨款 1 亿元用于奖励离岸服务外包企业、专业技术人才培训和奖励以及支持企业申请国际认证和专利等[177][178][172]；广州市每年设立 1.5 亿元的软件和动漫产业发展资金，用于奖励投资广州市的软件和动漫服务外包企业或研发机构[179]。

另外诸多城市将财政资金下拨用于补贴离岸服务外包企业的商务成本。例如，南昌市对新设立的离岸服务外包企业总部或地区总部购建的办公楼补贴 500 元/平方米的补贴，最高限额可达 100 万元；对租赁的办公楼按每年 120 元/平方米的标准发放，期限为 3 年[180]。天津市和成都市的标准是对购建的办公楼给予 1000 元/平方米的补助；对租赁的办公楼 3 年内补贴房屋租金的 30%[166][175]。南京市给予租房补贴第一年达到租金的 100%，第二、三年为 50%[177]。

部分城市的财政资金用于奖励离岸服务外包企业的发展成果，标准可以为离岸服务外包企业的收入提高、就业人数增长和品牌的创建和拓展。例如，天津市规定，凡本市离岸服务外包企业从业人员达到 1000 人、离岸服务外包业务年出口额达 1000 万美元的，市服务外包专项资金给予最高 50 万元的奖励；此后，企业每新增加从业人员 500 人，相应离岸服务外包年出口额增加 500 万美元，市服务外包专项资金给予最高 25 万元的奖励[181]。武汉市按离岸服务外包企业每年的离岸业务额作为奖励标准，当年离岸业务收入高于 100 万美元，增幅超过 30% 且排名全市前 20 位的，按其离岸业务收入的 1% 给予奖励，最高不超过 100 万元[182]。而大连市规定，员工规模在 500 人以上的离岸服务外包企业，年员工数量增长超过 20%（含 20%），按比上年（最高年份）增长人数以每人 3000 元标准给予奖励[183]。企业获得国家、省、市科技进步奖并形成销售收入的项目或产品等具有突破性的自主创新成果，市专项资金的奖励最高额可达 50 万元。

在这些城市当中，南京市的奖励制度较为完善。首先，南京市将离岸服务外包企业划分为不同层次，分别是成长型离岸服务外包企业、骨干型离岸服务外包企业和基地型、龙头型离岸服务外包企业，以此作为形成奖励制度的基础[177]。其中，（1）成长型离岸服务外包企业是指当年离岸服务外包业务收入在100万~1000万美元,增幅超过30%的企业;(2)骨干型离岸服务外包企业是指当年离岸服务外包业务收入超过1000万美元的企业;(3)基地型、龙头型离岸服务外包企业是指从事离岸服务外包业务,且上年离岸服务外包业务收入超过5000万美元的跨国公司地区总部和国内大企业集团总部,以及中国境内世界500强或全球外包100强企业。其次,南京市根据这些企业的不同表现制定了详细的奖励措施,具体见表5.1。

表5.1　　　　　　　南京市离岸服务外包企业业绩分层次奖励办法

企业类型	项目	数额					
成长型	上年收入(万美元)	100~300		300~600		600~1000	
	增长率(%)	≥30	≥100	≥30	≥80	30~50	≥50
	奖励金额(万元)	50	60	70	80	90	100
骨干型	上年收入(万美元)	1000~2000	2000~3000	≥3000	≥5000	≥10000	
	员工人数(名)				≥2500	≥5000	
	奖励金额(万元)	100	150	200	500	1000	
基地型龙头型	营业税和企业所得税比上年增长的部分补助50%						

资料来源:《推进南京市国际服务外包产业发展的若干政策实施办法》。

(二)与中国离岸服务外包相关的货币政策现状

1. 信贷扶持政策现状

(1)国家层面的信贷扶持政策现状。

国家层面的信贷政策主要是通过商务部与国家开发银行、中国出口信用保险公司合作项目进行推进的。其中,国家开发银行与商务部合作,对基地城市根据服务外包产业发展需要进行的服务外包技术支撑公共服务平台建设、公共信息网络建设、基础设施和投资环境建设提供政策性贷款,并且国家开发银行承诺在5年合作期内,对符合贷款条件的项目,提供总计不少于50亿元的政策性贷款,主要用于支持服务外包基地城市建设以及支持服务外包企业离岸业务的开展两大方面[184]。另外,中国出口信用保险公司作为政策性金融机构,在商务部的指导下,优先考虑支持中国服务外包基地城市和服务外包企业发展离岸外包业务，提供包括信用管理、融资便利、风险保障、海外投资保险和咨询服务等在内的全方位服务支持[185]。

（2）地区层面的信贷扶持政策现状。

天津市提出建立市服务外包担保基金，为中小服务外包企业提供各种形式的贷款担保[182]。重庆市[169]创新性发展了"外包企业专项担保贷款绿色通道"，鼓励贷款担保机构为外包企业提供贷款担保。由外包专项资金对符合条件的担保机构按一定比例进行坏账补贴，每笔最高金额为50万元。大连市的信贷措施较为丰富[186]。首先，建立了中小企业贷款及融资平台，优先为离岸服务外包企业提供科技型中小企业贷款等融资支持。其次，对于有一定规模的软件和服务外包企业，允许其以软件产品等无形资产进行抵押贷款。最后，大连市还鼓励企业间的自主联合，通过资产重组、收购、兼并等措施实现扩张。广州市则直接将财政拨款用于奖励对离岸服务外包企业提供担保的专业机构，提出担保期在一年以上的，由产业发展资金按照担保总额1%的比例奖励给担保机构，最高奖励额度每笔不超过50万元[187]。而哈尔滨市则直接由市民营企业担保中心提供担保，单笔期限为1年、金额50万～500万元的流动资金贷款，按1%～1.2%的优惠担保费率收取担保费；对资信好、效益高、规范经营、有市场前景的企业，单笔金额200万元以下的流动资金贷款，期限为1年，实行"即贷即保"[168]。

2. 贴息政策现状

（1）国家层面的贴息政策现状。

在协调区域发展方面，《国务院关于促进服务外包产业发展问题的复函》提出向中西部地区离岸服务外包倾斜的信贷政策，规定了中西部地区国家级经济技术开发区内的服务外包基础设施建设项目贷款，可按规定享受中央财政贴息政策[164]。

（2）地区层面的贴息政策现状。

大连市在对中小企业融资扶持政策上一直走在全国前列，离岸服务外包企业或培训机构向金融机构获取的用于主营业务的贷款，按照中国人民银行公布的基准利率，由市专项资金给予不超过贷款利息30%的补贴[186]。苏州市按照中国人民银行公布的基准利率给予贷款利息20%的贴息[188]。

（三）与中国离岸服务外包相关的外汇政策现状

中国离岸服务外包没有国家层面的外汇政策，但是部分省份和服务外包示范城市对离岸服务外包的外汇管理作了简要规定。例如，湖南省、重庆市、广州市和哈尔滨市均规定，离岸服务外包企业可开立经常项目外汇账户，其外汇收入可全额留存；外汇资金不足时，允许企业提前购汇存入经常项目外汇账户[167][189][187][168]。

（四）与中国离岸服务外包相关的开放经济政策现状

1. 吸引外商直接投资与参加国际展会政策现状

（1）国家层面的招商参展政策现状。

2007 年，商务部下发了一份《外商投资产业指导目录》（2007 年修订），其中，离岸服务外包作为租赁和商务服务业的组成部分，被列为鼓励外商直接投资的行业之列[190]。该目录中的离岸服务外包包括系统应用管理和维护、信息技术支持管理、银行后台服务、财务结算、人力资源服务、软件开发、呼叫中心、数据处理等 ITO 和 BPO 业务。其内容尚未涉及新兴的 KPO 业务。

（2）地区层面的招商参展政策现状。

在吸引外商直接投资方面，重庆市的政策带有一定的行政性色彩，它直接奖励了对引进重大外包企业有突出贡献的人员或单位（国家机关及公务员除外），奖励金额由项目落地园区按引进企业正常运营 5 个完整年度的年平均营业收入总额的 0.5%～1% 给予一次性奖励[169]。广州市则是充分认识到自身区位优势，将重点招商目标锁定为欧洲、美国、日本、东南亚和中国港澳台等国家和地区，招商对象也战略性地选择具有接包和发包双重能力的跨国服务外包公司[179]。

在参加国际展会方面，北京市的主导推广业务仍然是 ITO，目标是国际著名的美国软件外包峰会和研发外包企业相关的 Bio 大会[191]。南昌市大力鼓励离岸服务外包企业参与国际招商推介会和专业展会，给予补助金额最高可达参展费用的 50%，每家企业最高可达 10 万元[180]。重庆市的补贴额度更是达到参展费用的 70%[189]。

2. 离岸业务扶持政策现状

在国家层面上尚未出台专门针对发展离岸服务外包业务的政策，各示范城市则纷纷出台了鼓励服务外包企业出口服务的优惠政策。其中,天津市按承接离岸外包业务为主的服务外包企业的注册资金给予补贴,对注册资本 10 亿元人民币以上、5 亿~10 亿元和 1 亿~5 亿元的,分别补助 2000 万元、1500 万元和 1000 万元[166]。安徽省和武汉市则是按照在境外投资的项目投资额为奖励标准[171][182]。除此之外,其他大部分城市均是以离岸服务外包企业的出口业务收入额为标准进行补贴,如重庆市对开展离岸服务外包业务的企业年出口额超过 50 万美元的企业给予 10 万~100 万元的奖励[189];哈尔滨市按离岸服务外包业务实际结汇核销的收入额给予 1 美元 0.02 元人民币的奖励,而大庆市则是每创汇 1 美元补助 0.1 元人民币[168][192];成都市和南昌市均将年出口额 10 万美元作为奖励标准的下限,而西安市则是对超过 50 万美元或增幅超过 100% 的企业,每年一次性给予 5 万~20 万元扶持奖励[175][180][193]。

二、中国离岸服务外包政策结构存在的问题

由上述中国离岸服务外包政策结构现状可知,中国离岸服务外包的政策体系存在以下问题:

(一)过度依赖财政政策

从现有中国离岸服务外包政策体系来看,无论是在国家层面或地区层面的政策中,主要的政策手段依然是依赖税收优惠和财政拨款方式。(1)税收优惠。(2)财政拨款方式采用的是政府审批方式,具有浓厚的行政手段色彩,并未建立在市场化基础之上,并且其扶持标准存在很大模糊性。大部分示范城市的政府用财政拨款对离岸服务外包企业进行奖励,但并没有科学系统和行之有效的分层次奖励制度加以配套,这种模糊之处和制度漏洞势必给某些企业带来寻租空间,导致财政资金的浪费和资源配置的不公平。(3)绝大部分财政政策的受益主体集中于 21 个服务外包示范城市,大幅度的税收优惠和大规模财政拨款一方面促使服务外包示范城市的产业集聚;另一方面则扩大了全国离岸服务外包发展的地区间差异度,不利于鼓励中小城市离岸服务外包发展。

(二)货币政策手段单一

从目前来看,中国离岸服务外包相关的货币政策仅仅包括信贷扶

持、加强担保和贷款贴息等手段。（1）从地方层面的信贷政策来看，很多服务外包示范城市虽然提出要加强对离岸服务外包企业的信贷支持，但是一部分城市仅仅提出一个目标或口号，其政策性文件中无法找到具体实施办法，这样的空话套话最终将很有可能流于形式。（2）信贷政策配套的措施有担保措施，但是中国各地区发布的绝大多数担保办法采用的方式是政府及其下属单位出面担保，或者委托一个专业担保机构出面承接，再对此担保机构进行补贴，这种做法忽略了建立在市场机制上的价值评估的办法，扼杀了市场优胜劣汰的机制，长期下去将扭曲市场的配置功能。（3）关于贴息政策，国家层面的政策提出对中、西部地区的离岸服务外包企业进行贴息政策倾斜，但是截至目前，我们找到的大多数贴息政策来自东部地区，如大连市和苏州市等，其贴息资金来源于地方财政。同时，我们并未找到中西部各省份和服务外包示范城市全面铺开的进行贴息补贴的实行办法，这一政策仅流于形式，并未显示实际执行效果。

（三）外汇政策和开放经济政策相对不足

作为与离岸服务外包业务密切相关的政策，我们遗憾地发现中国相关的外汇政策和开放经济政策相关措施极其缺乏，无法满足离岸服务外包业务大规模开展的迫切需要。（1）外汇政策的缺乏是显而易见的，甚至我们尚未找到一项国家层面关于外汇管理的相关扶持政策，仅有的地方层面的政策也仅仅限于收汇管制放开等常规性措施，如灵活外向的汇率体系设计等制度远远滞后于实践的发展。（2）关于开放经济政策，与中国离岸服务外包相关的仅仅有吸引外商投资、鼓励参与国际展会以及奖励离岸业务等操作层面的措施，尚未形成出口导向型扶持政策。这一政策明显不足的扶持力度与近年来离岸服务外包业务突飞猛进的发展势头形成了鲜明对比。

（四）离岸业务扶持政策尚未形成体系

目前中国尚未出台一项关于离岸服务外包业务的独立政策，所有与离岸业务相关的政策都是附于服务外包产业发展政策之中，说明国家并没有将发展离岸服务外包业务提高到战略的高度。并且比较各服务外包示范城市出台的离岸业务鼓励政策，鼓励标准五花八门，并未形成统一的标准，尤其有部分城市的鼓励政策仍带有浓厚的招商引资特点，将鼓励的重点放在了企业在本地落户上，而并未真正关注企业今后的发展，无疑不利于该地区离岸服务外包企业的长期稳定发展。缺乏前瞻性和系统性的政策体系，必将束缚中国离岸服务外包产业发展、升级和转型。

第二节　离岸服务外包政策结构的研究设计

一、理论基础

Krugman（1998）[194]在蒙代尔—弗莱明模型基础上提出了三元悖论理论，其核心内容是指：若一国资本完全流动，货币政策独立和固定汇率制不能共存。即一国政府在制定宏观政策时，只能在独立货币政策、固定汇率制和资本完全流动三个目标中任选其二，却无法三者并存。图5.1是Krugman（1998）[194]提出的三元悖论三角形，三条边分别代表独立货币政策、固定汇率制和资本完全流动，每个顶点代表相交的两条边的政策目标能得到同时满足，但不可能同时满足三条边。如上方顶点表示一国同时坚持独立的货币政策和固定汇率制，但必须实施资本管制（周晴，2007）[195]；右下方顶点表示一国实施固定汇率制和资本项目完全开放，但无法实施独立货币政策，该国利率受到世界利率或其他大国的货币政策的制约；左下方顶点表示为满足独立的货币政策和资本完全流动，必须以牺牲固定汇率制为代价。

二、研究假设

从宏观经济架构来说，货币政策、汇率政策和建立开放的金融市场是搭建有序对外经济体系的三个最重要手段。

（一）货币政策独立

货币政策独立保证一国政府能自主调节利率来稳定国内经济，而不受制于其他国家政策。Daly（1998）[196]认为中央银行独立的国家通过提

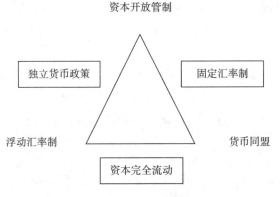

图 5.1　三元悖论图示

升货币政策的有效性，能够维持较低通货膨胀率，并且保持经济的稳定增长。长期内提高存贷款利率使该国保持稳定持久的经济增长，从而带动对外贸易以及离岸服务外包收入增长。

　　但是近年来，美国奉行近乎零利率的量化宽松货币政策，使得自然利率较高的新兴市场国家（包括中国）受到国际热钱的剧烈冲击，其中部分国家失去了货币政策独立性，出现通货膨胀，中国银行存贷款利率也因此不得不保持远低于经济高速发展下市场自然利率的水平，以避免热钱的大量涌入（Mckinnon，2013）[197]，货币独立性也因此受到干扰。这一状况在 2008～2009 年全球金融危机中得到改善，这一阶段新兴市场国家普遍得益于良好的宏观经济基本面、持续多年的金融体制改革成效，得以实施刺激经济增长、消除危机影响的反周期货币政策，说明新兴市场国家的政策公信力增强，有助于摆脱大国货币政策影响（Coulibaly，2012）[198]。因此，本研究提出如下假设：

　　H5－1：货币政策独立对离岸服务外包收入增长有显著正面影响。

（二）汇率稳定

　　稳定的汇率像锚一样，通过稳定币值及物价，降低外汇市场的不确定性，减少对外部市场的风险担保成本，从而有效保护和促进外部投资增长及国际贸易发展。但是，汇率稳定性过高也会使政府丧失一个重要的调控手段，即采用浮动汇率来吸收外部市场冲击。Daly（1998）[196]认为汇率波动将会促进贸易额增长，在具备发达远期外汇市场的条件下，企业能够通过发达的金融市场规避汇率风险，并且促进国际贸易。在国内研究中，邹璇（2010）[199]认为，汇率刚性使政府在制定政策时不能适时应对突如其来的风险，而且资本流动性越强，受到投机性资本冲击的可能性越大，这将大大削弱货币政策稳定贸易的作用。

Mckinnon（2013）[197]认为，当发达国家实施量化宽松货币政策引发热钱流入新兴市场国家，致使这些国家对内出现通货膨胀、货币贬值，对外出现货币升值，货币价值被高估。与此同时，如果这些国家实施浮动汇率制，货币升值将引来越来越多的投机资本，从而导致本币升值预期。新兴市场国家央行卖出本币，购买美元来进行干预。但由于套利交易的存在，这一过程将不断持续，在稳定汇率、避免丧失离岸服务外包出口竞争力的同时，损害了货币政策的独立性。因此，本研究提出如下假设：

H5-2：汇率稳定对离岸服务外包收入增长有显著负面影响。

（三）金融市场开放

资本完全流动是争议很大的宏观经济政策之一。资本完全流动使开放经济暴露在投机性热钱流动中，增加银行体系信用风险（谈世中，2002）[200]，干扰正常的资本运转，从而导致一国经济不稳定。这一点在最近20年来的全球经济危机，包括2008年金融危机中得到证明。据国际金融研究所（IIF）统计，2012年新兴经济体的流入资本净额较2011年略有下降，达到9120亿美元。2010年以来，新兴市场国家的总资本流入数额已经达到此前20年平均流入量的20%。这些大规模国际资本波动对新兴市场国家的金融运行带来较大挑战，容易导致系统性金融风险的产生。

但从长期经济增长来看，资本流动性越强，表明一国金融市场资源配置效率和要素转移效率越高，信息不对称性越低，同时对国际贸易增长的促进作用越大。同时，一国在国际资本市场中的参与程度越高越能通过组合多样化来分散市场风险，并进一步降低离岸服务外包收入的波动性。同时，资本开放度也与宏观经济政策的有效性密切相关，当遭遇经济危机时，在一个自给自足的封闭经济体只能实施顺周期的货币政策，而资本流动性强的经济体则有能力实行反周期货币政策来稳定经济，促进出口（Easterly et al.，2001）[201]。吴卫锋（2012）[24]也列出了资本开放分别从直接渠道和间接渠道两方面对出口贸易和国民经济增长产生促进作用。因此，本研究提出如下假设：

H5－3：金融市场开放对离岸服务外包收入增长有显著正面影响。

（四）离岸服务外包产出波动

在货币政策方面，Ajzenman（2008）[202]发现货币政策独立与贸易额的波动性呈显著负相关关系，原因在于一国货币政策维持稳定性和一贯性能够降低经济波动性预期，从而降低贸易波动性，这种作用在新兴市场国家中表现更明显。在汇率政策方面，郑重（2011）[203]通过新兴市场国家数据得出结论：汇率政策的选择取决于外部冲击的类型，在世界价格的冲击下，就平抑投资、产出和消费的波动而言，稳定汇率优于浮动汇率；但在世界利率的冲击下则恰好相反。在金融市场开放政策方面，Wrugler（2000）[204]认为金融市场运行效率高的国家能通过有效配置资本，使得资本成本降低、信息不对称程度减轻来降低贸易波动性。同时 Ajzenman（2008）[202]也指出在贸易顺差的国家中，金融市场开放度高能有效降低贸易波动性。

因此，本研究提出如下假设：

H5－4：货币政策独立对离岸服务外包收入波动有显著负面影响。

H5－5：汇率稳定对离岸服务外包收入波动有显著负面影响。

H5－6：金融市场开放对离岸服务外包收入波动有显著正面影响。

（五）外汇储备

Ajzenman（2010）[205]扩展了三元悖论的理论外延，认为世界各国的外汇储备，尤其是新兴市场国家巨额的外汇储备将改变三元悖论政策选择的机制，因此基于三元悖论的理论基础，共有三种政策选择模式。（1）如果中国选择货币政策独立和金融市场开放，则必须牺牲汇率稳定。而足够庞大的外汇储备具有蓄水池功能，当汇率上升（下降）时，中国政府选择售出（购进）外汇而买入（卖出）本币，从而达到稳定汇率的目的（周晴，2007）[195]。（2）如果中国政府的目标是选择维持固定汇率制和货币政策独立，那么政府必须进行资本管制，以换取汇率的稳定和利率的自主权。但是，中国为了引进外资，不能限制外国直接投资账户流入，只能选择限制外汇账户流出，这种政策结合可能刺激中国央行持有更大规模的外汇储备。于是，外汇储备急剧增加，基础货币投放扩大，人民币升值压力增大，离岸服务外包潜在风险增多（谈世中，2002）[200]。（3）如果中国政府选择金融市场开放和固定汇率制，就像蒙代尔—弗莱明模型所示，国内利率将恒等于世界利率 r^*，中国的货币政策将趋于无效，央行的对冲操作将变成简单地在买卖外汇的同时对国内信贷进行等量反向操作，以维持国内货币供应量，而对刺激经济与外贸发展方面无任何作用。但若中国政府又想保持独立且宽松的货币政策，那么中国所持有的巨额外汇储备作为国内资金信贷市场和外汇市场的联络器，能够给中央银行提供更大的空间来进行货币政策操作，从而帮助中国政府在短期内独立地制定货币政策。综合上述三个方面，外汇储备作为政策选择的缓冲器对三元悖论框架的影响力至关重要。

第三节　世界部分国家离岸服务外包政策结构比较与实证分析

一、世界部分国家离岸服务外包政策结构的比较

综观各国离岸服务外包发展史，这一产业的快速发展不约而同地与各新兴市场国家政府的强力扶持政策密切相关。本书将中国等几个主要新兴市场接包国的主要政策加以概括，归纳为表5.2中的货币政策、外汇政策、外资引入、基础设施建设、人才培养、税收优惠和知识产权保护等。以世界最大离岸服务外包承接国印度为例，印度自1984年开始实行新计算机政策（New Computer Policy），对软件产业相关的货币政策、FDI限制以及关税政策都作出了宽松性调整。比如，允许外商独资软件服务出口导向型企业的设立，将硬件和软件的进口关税降至60%。进入20世纪90年代后，印度更是开启了以重点扶持离岸服务外包发展为政策目标的经济改革，扩大金融自由化程度，同时实行软件进口零关税政策，使得跨国公司在印度开设子公司的数量稳步增加（侯敬雯，2012）[206]。菲律宾也搭建了以离岸BPO业务为重点的政策体系，尤其值得注意的是，菲律宾的服务外包企业有两大资金来源：一方面借助菲律宾与美国相近的文化背景和英语作为官方语言的优势，大力鼓励美国

企业在菲律宾投资；另一方面实行便利的外汇往来管理，鼓励在海外打工的本国公民将挣得的外汇汇往国内，这些资本中很大部分成为菲律宾国内中小服务外包企业的启动资金，充足的海外资本为菲律宾服务外包的崛起提供了重要支持。再例如中国，自 2006 年推行"千百十"工程以来，认定了 21 个服务外包示范城市，通过财政资金扶持基本完成了示范园区基础设施的建设，并且在货币政策上对离岸服务外包企业提供贴息，对离岸业务风险设立担保机制，同时通过设立外汇专项账户、简化收汇手续、推进人民币汇率避险产品发展等手段进一步扩大离岸业务，这些措施成为离岸服务外包发展的重要推动力。

表 5.2　　　　　中国、印度及菲律宾主要服务外包政策比较

政策措施	中国	印度	菲律宾
货币政策	软件出口项目享受优惠利率的信贷支持；中、西部国家级开发区服务外包基础设施建设享受中央财政贴息；北京市对高新技术企业技术更新改造进行贷款贴息和融资担保服务	设立风险投资基金，主要针对软件及信息服务企业提供信贷支持	中央银行鼓励贷款政策向服务外包等高增长行业倾斜，对这些行业实施优惠利率
外汇政策	允许服务外包企业开立经常项目外汇专用账户；简化办理境内外汇划转流程；鼓励采用人民币结算	1991 年对本币进行贬值，使得软件出口价格下降，大大提高出口数量；提供进出口用汇便利	实行自由收汇政策，利用在国外打工的本国公民外汇汇款作为开办小企业的主要融资来源
引进外资	商务部将服务外包列入鼓励外商投资产业目录	放开外资进入比例，由外资股权比重不得超过 40% 到允许 100% 外资股权；实行金融自由化	菲律宾政府大力鼓励外资投资信息产业和商业外包服务的发展，采取政策倾斜
税收优惠	对示范城市技术先进型服务企业征收 15% 企业所得税；对离岸业务免征营业税，进口品实施保税监管	软件进口关税从 100% 降至 0，服务外包企业的企业所得税实行 5 免 5 减半	经济特区中的外国服务外包公司前 6 年免税，免税期满后只缴 5% 营业税；进口服务外包特殊设备免关税
基础设施建设	认定 21 个服务外包示范城市；中央财政专项拨款建立公共技术、信息和培训服务平台	兴建班加罗尔及多达 200 多个经济技术特区；建立高速信息传输网络；为服务外包企业提供资金支持	政府 2009 年评选 9 大城市作为 BPO 发展新型地区，兴建基础设施建设（特别是信息技术和通信设施）

政策措施	中国	印度	菲律宾
人才培养	"千百十"工程设人才培训专项资金,对已就业人员进行培训;建立校企联合服务外包人才培训基地	软件教育与产业密切互动,鼓励服务外包企业办学;依靠职业教育培养软件人才,缩短周期并降低成本	设立服务外包"应用型人才培训基金";为达不到企业录用标准的求职者免费提供技能培训
知识产权保护	规定国内接包商在承接业务时应签订信息保密协议,严格保守发包商业务和数据信息等商业秘密	颁布《信息技术法》,服务外包企业员工入职时需签订"NDA"(不公开合约)的知识产权保护合同	颁布《知识产权法》和《数据安全和隐私法》,进行严格知识产权保护

在梳理服务外包政策时我们发现,货币政策、外汇政策和资本流动(尤其是资本流入)政策对各新兴市场国家的离岸服务外包发展有重要影响。首先,货币政策(包括信贷政策和利率政策)对离岸服务外包企业融资至关重要。新兴市场国家普遍缺乏传导机制有效的债券市场,企业融资手段单一,尤其中小离岸服务外包企业尚不具备在证券市场上进行股权融资的条件,因此,倾斜性的信贷措施和优惠的贷款利率对于这些企业,尤其在其发展初期作用巨大。其次,外汇政策和资本流动开放度对发展离岸服务外包业务有着直接影响。印度服务外包的崛起直接得益于其全力推进软件出口导向型战略,对软件业实行全面金融自由化,并且适时对本币进行贬值等正确政策的实施。这一模式对中国离岸服务外包发展初期来说,具有借鉴作用。

二、世界部分国家离岸服务外包政策结构的实证分析

(一) 变量体系

1. 因变量

本研究包括两个因变量指标:离岸服务外包收入及收入波动性。
(1) 离岸服务外包收入(OSO)。由于离岸服务外包一直缺乏精确的数

据指标与之对应，因此本研究采用各国其他服务贸易出口额①数据作为替代指标，同时将相同统计口径的服务贸易出口额（Service）作为稳健性检验的替代因变量。（2）离岸服务外包收入波动性（Vol）。本研究参照刘金全和刘志刚（2005）[207]的度量方法，采用固定样本长度的滚动标准差来度量离岸服务外包收入增长率中的条件波动性。即在样本观测区间（1，T）上给定一个滚动时窗长度 m②，在固定时窗内计算标准差，其计算公式为：

$$Vol_{i,t} = \frac{1}{m} \sum_{i=t-m+1}^{i=1} (OSO_{i,t} - \overline{OSO_{i,t}})^2, \quad \overline{OSO_{i,t}} = \frac{1}{m} \sum_{i=t-m+1}^{i=1} OSO_{i,t}$$

$$(5-1)$$

其中，i 为国家，t 为年份，m 为滚动时窗长度，Vol 为离岸服务外包收入波动性，OSO 为离岸服务外包收入。同时将相同统计口径和计算方法的服务贸易收入波动性（SVol）作为稳健性检验的替代因变量。

2. 自变量

Ajzenman（2008）[202]将 Krugman（1998）[194]的三元悖论理论通过严谨的定量设定变成了可量化的变量，建立了三元悖论指数模型。本研究沿用该模型进行分析，并根据所获数据样本进行调整如下：

（1）货币政策独立性（MI）。

首先采用目标国家与独立大国的年实际利率之间相关性来表示目标国家货币政策受大国货币政策影响的程度，再取其相反数表示货币政策的独立性。为使指标可比，将美国作为参照的独立大国，相关系数采用本年与前一年、后一年（即 t，t−1 和 t+1）的三年移动平均数进行处理，指标数值保持在（0，1）之间。这一指标数值越高，代表目标国家的货币政策受他国干扰越少，越趋于独立。MI 计算公式如下：

---

① 其他服务外包出口额主要包括通信、计算机和软件信息、会计金融、保险、专利使用和特许权服务等服务外包内容，统计口径略高于离岸服务外包数额。该指标选取方法与吕延方和赵进文（2010）[208]保持一致。

② 刘金全和刘志刚（2005）采用季度数据，因此滚动时窗长度选用 12 个季度，本研究选用年度数据，根据时间总跨度为 1999~2011 年共 13 年，因此选择滚动时窗跨度为 3 年。

$$MI = 1 - \frac{corr\ (r_{i,t},\ r_{j,t})\ +1}{2} \qquad (5-2)$$

其中，i 为目标国家，j 为美国，t 为年份，r 为年实际贷款利率，corr（）为相关系数。

（2）汇率稳定性（ERS）。

首先，采用目标国家月度对美元汇率的标准差来表示各国年度汇率波动性，再取其相反数表示各国年度汇率稳定性，并且对公式进行运算处理以使得指标数值保持在（0，1）之间。并参考 Shambaugh (2004)[209] 的做法对指数设置门槛以保证指数正确反映该国汇率政策。这一指标数值越高，代表汇率波动性越小，汇率政策越趋于维持稳定汇率。ERS 计算公式如下：

$$ERS = \frac{0.01}{0.01 + stdev\ (\Delta ln\ (exch\_rate_{i,t}))} \qquad (5-3)$$

其中，i 为国家，t 为年份，exch_ rate 为目标国家月度对美元汇率，$\Delta ln\ (exch\_rate_{i,t})$ 为本月与上月汇率对数的差额，stdev（）为将每年 12 个月的汇率对数差额取标准差。

（3）金融市场开放度（KAOPEN）。

为了度量各国金融市场开放，美国学者 Chinn 和 Ito （2006，2008)[210][211] 创造了 KAOPEN 指数，该指数的来源是 IMF 每年汇兑安排与汇兑限制年报（Annual Report on Exchange Arrangements and Exchange Restrictions，AREAER）。该年报设置四类 0 ~ 1 变量来度量各国是否有限制金融市场开放的政策：k_1 为存在多重汇率，k_2 为限制现金账户交易，k_3 为限制资本账户交易①，k_4 为存在取消出口的条件。在此基础上我们构建 KAOPEN 指数。数值介于（0，1）之间。这一指标数值越高，代表目标国家的金融市场开放度越高。KAOPEN 的计算公式如下：

---

① 1996 年之后，AREAER 将限制资本账户交易的措施（k_3）细分成多种类型。本研究沿用 Mody Murshid (2005) 的方法。用四个主要指标涵盖 k_3 的主要内容（即资本市场安全限制，组合投资安全性措施，FDI 限制和商业银行准入限制，四类指标取平均数即为 k_3 取值），由于资本账户限制政策生效具有较长滞后性，因此我们采用本期和之前四期的平均数 $SHAREk_3$ 来度量资本账户限制政策，公式表示如下：

$$SHAREk_{3i,t} = \frac{k_{3i,t} + k_{3i,t-1} + k_{3i,t-2} + k_{3i,t-3} + k_{3i,t-4}}{5} \qquad (5-4)$$

$$KAOPEN = \frac{1}{F\ (k_1,\ k_2,\ SHAREk_3,\ k_4)} \quad\quad (5-5)$$

其中，k_1 为是否存在多重汇率的虚拟变量，不存在为 0，存在为 1；k_2 为是否存在现金账户交易限制的虚拟变量，完全开放为 0，存在限制为 1；k_3 为是否存在资本账户交易限制的虚拟变量，完全开放为 0，存在限制为 1，$SHAREk_3$ 是 k_3 当年以及之前四年的平均数。k_4 为存在取消出口的条件，不存在为 0，存在为 1。$F\ (x)$ 为对 4 个变量进行主成分分析的函数。

3. 门槛变量

本研究采用各国外汇储备规模作为门槛变量来度量它对解释变量与被解释变量之间可能产生的非线性影响。表示第 t 年第 i 个国家外汇储备占当年该国 GDP 总量的比率。

4. 控制变量

本研究选取各国以 1999 年为基期的年度实际国内生产总值的对数（GDP），年度广义货币 M2 数量占本年 GDP 的比重（M2），年度国内总储蓄额占本年 GDP 的比重（Savings）以及年度货物贸易出口额占本年 GDP 的比例（Trade）作为控制变量。

（二）模型建立

1. 线性回归模型

为验证假设 H5—1～3，本研究设定了如下线性回归模型：

$$OSO_{i,t} = \alpha_0 + \alpha_1 MRK_{i,t} + \alpha_2 controls_{i,t} + \varepsilon_i \quad\quad (5-6)$$

其中，OSO 是各国离岸服务外包收入额，MRK_i 是 MI、ERS 和 KAOPEN 三者中的任意两个变量，因为根据 Aizenman 等（2008）[202] 的论证，MI、ERS 和 KAOPEN 存在完全相关性，不能出现在一个矩阵中；controls 是控制变量，ε 是残差项。

为验证假设 H5—4～6，本研究将自变量换成离岸服务外包收入波动性后，得到如下模型：

$$Vol_{i,t} = \alpha_0 + \alpha_1 MRK_{i,t} + \alpha_2 controls_{i,t} + \varepsilon_i \quad\quad (5-7)$$

其中，Vol 为离岸服务外包收入波动性，其他变量的含义同前。

为进一步比较新兴市场经济体的政策结构与离岸服务外包收入波动性的关系，本书采用残差来衡量离岸服务外包收入的异常波动性，这一变量将因变量替换为离岸服务外包收入的波动性后，得到如下线性回归模型：

$$Ex\_Vol_{i,t} = Vol_{i,t} - NormVol_{i,t} \tag{5-8}$$

$$Ex\_Vol_{i,t} = \alpha_0 + \alpha_1 Ex\_MRK_{i,t} + \alpha_2 Break_{i,t} + \varepsilon_1 \tag{5-9}$$

其中，Ex_Vol 表示离岸服务外包收入的波动性，其他变量的含义同前。

2. 面板门限模型

本研究根据 Ajzenman（2010）[205] 的模型进行改造，加入交互项外汇储备，作为引入面板门限模型的基础：

$$Outsource_{i,t} = \mu_i + \alpha_1 MRK_{i,t-1} + \alpha_2 IR_{i,t-1} + \alpha_3 MRK_{i,t-1} + \alpha_4 ZR_{i,t-1}$$
$$IR_{i,t-1} + \alpha' x_{i,t-1} + \varepsilon_i \tag{5-10}$$

其中，i 表示不同国家，t 表示时间，Outsource 是各国离岸服务外包收入额，MRK_i 是 MI、ERS 和 KAOPEN 三者中的任意两个变量①；IR_i 是各国外汇储备，$MRK_i \times IR_i$ 是 MI、ERS、KAOPEN 和 IR 的交乘项，x 是控制变量，ε 是残差项，为白噪声序列，即 $\varepsilon_{it} \sim iid$（0，$\sigma_t^2$）。为了排除内生性干扰，对所有模型我们均采用滞后一阶的因变量代入模型中。

根据前面的理论分析，因为外汇储备规模的影响，离岸服务外包收入额与政策选择之间可能而表现出区间效应，呈现非线性关系。为了避免主观划分非线性区间可能造成的偏误，应当从数据自身规律出发内生地划分区间。因此，本研究采用 Hansen（1999）[212] 建立的面板门限模型研究各国处于外汇储备规模的不同区间时政策选择与离岸服务外包收入额之间的关系。面板门限模型根据划分非线性区间的数量分为单一门槛模型与多门槛模型，我们将从单一门槛模型出发扩展到多门槛模型。单一门槛模型的公式如下：

$$Outsource_{i,t} = \mu_i + \alpha_1 MRK_{i,t-1} + \alpha_2 IR_{i,t-1} + \alpha' x_{i,t-1} +$$
$$\beta_1 MRK_{i,t-1} I（IR_{i,t-1} \leq \gamma）+ \beta_2 MRK_{i,t-1} I（IR_{i,t-1} > \gamma）+ \varepsilon_{i,t} \tag{5-11}$$

其中，将各国外汇储备 IR_i 设定为门槛变量，γ 为特定的门槛值，I（·）为一指标函数，其他变量的含义同前。为了得到参数的估计量，我们需要消除个体效应 μ_i，具体做法是采用组内去心，用每一个观察

---

① MI、ERS 和 KAOPEN 存在完全相关性，不能出现在一个矩阵中（Aizenman et al.，2008）。

值中减去其组内平均值，公式如下：

$$\text{Outsource}_{it}^* = \text{Outsource}_{i,t} - \frac{1}{T}\sum_{t=1}^{T}\text{Outsource}_{i,t} \quad (5-12)$$

变换后的模型为：

$$\text{Outsource}_{i,t}^* = \alpha_1 \text{MRK}_{i,t-1}^* + \alpha_2 \text{IR}_{i,t-1}^* + \alpha' x_{i,t-1}^* + \beta_1 \text{MRK}_{i,t-1}^* I\ (\text{IR}_{i,t-1} \leqslant \gamma) + \beta_2 \text{MRK}_{i,t-1}^* I\ (\text{IR}_{i,t-1} > \gamma) + \varepsilon_{i,t}^* \quad (5-13)$$

上述公式用矩阵形式可表示为：

$$\text{Outsource}^* = \text{MRK}^*\ (\gamma)\ \beta + \varepsilon^* \quad (5-14)$$

对于给定的门槛值 γ，我们可以采用 OLS 估计（11）式以得到 β 的估计值：

$$\hat{\beta}\ (\gamma)\ = [X^*\ (\gamma)'X^*\ (\gamma)]^{-1} X^*\ (\gamma)'\text{Outsource}^* \quad (5-15)$$

相应的残差平方和为：

$$S_1\ (\gamma)\ = \hat{e}^*\ (\gamma)'\hat{e}^*\ (\gamma) \quad (5-16)$$

其中，$\hat{e}^*\ (\gamma)\ = \text{Outsource}^* - X^*\ (\gamma)\ \hat{\beta}\ (\gamma)$ 为残差向量。我们可以将（16）式对应的 $S_1\ (\gamma)$ 进行最小化得到 γ 的估计值，即

$$\hat{\gamma}\ (\gamma)\ = \arg_\gamma \min S_1\ (\gamma) \quad (5-17)$$

进而可得到 $\hat{\beta} = \hat{\beta}\ (\hat{\gamma})$，残差向量 $\hat{e} = \hat{e}^*\ (\hat{\gamma})$ 和残差平方和 $\hat{\sigma}^2 = \hat{\sigma}^2\hat{\gamma}$。在估计出参数估计量后，应当对模型进行检验，本研究采用 Hansen（1999）的"自抽样法"（Bootstrap）来进行处理。

以上只是假设仅存在一个门槛，但从计量角度来看，可能会出现多个门槛。下面以双重门槛模型为例做简要说明，多重门槛模型可以基于此很方便地进行扩展，模型设定为：

$$\text{Outsource}_{i,t} = \mu_i + \alpha_1 \text{MRK}_{i,t-1} + \alpha_2 \text{IR}_{i,t-1} + \alpha' x_{i,t-1} + \beta_1 \text{MRK}_{i,t-1} I\ (\text{IR}_{i,t-1} \leqslant \gamma_1) + \beta_2 \text{MRK}_{i,t-1} I\ (\gamma_1 < \text{IR}_{i,t-1} \leqslant \gamma_2) + \beta_3 \text{MRK}_{i,t-1} I\ (\text{IR}_{i,t-1} > \gamma_2) + \varepsilon_{i,t}$$

$$(5-18)$$

多门槛模型是建立在单一门槛模型基础上的，在估计出单一门槛 $\hat{\gamma}_1$ 后，假设 $\hat{\gamma}_1$ 为已知，再搜索 γ_2，公式如下：

$$S_2^\gamma\ (\gamma_2)\ = \begin{cases} S\ (\hat{\gamma}_1,\ \gamma_2)\ \text{if} \hat{\gamma}_1 < \gamma_2 \\ S\ (\gamma_2,\ \hat{\gamma}_1)\ \text{if} \gamma_2 < \hat{\gamma}_1 \end{cases} \text{和}\ \hat{\gamma}_2^\gamma = \arg_{\gamma_2}\min S_2^\gamma\ (\gamma_2) \quad (5-19)$$

由此而得出的 $\hat{\gamma}_2^\gamma$ 是渐进有效的，但 $\hat{\gamma}_1$ 却仍不能固定下来。因此应当再固定 $\hat{\gamma}_2^\gamma$ 再次搜索，最终确定优化后的一致估计量 $\hat{\gamma}_1^\gamma$。多重门槛模

型的假设检验也采用"自抽样法"来处理。

（三）新兴市场国家离岸服务外包政策结构的线性回归分析

本书的数据同样来源于 UNCTAD 数据库以及 IMF 的汇兑安排与汇兑限制年报（AREAER），样本来自世界离岸服务外包收入额最高的 50 个国家中的 14 个新兴市场国家（EME）[①]。按照地理位置划分为亚洲国家 6 个，欧洲国家 2 个，非洲国家 1 个，北美洲国家 1 个，拉丁美洲国家 4 个，并且完全涵盖"金砖五国"[②]，因此样本具有代表性。本书选取这些国家 1999～2011 年的年度数据作为样本，总体样本共计 182 个。

1. 描述性统计

表 5.3 列出了本书总体样本中各个变量的基本统计量以及数据来源。并且为了进一步分析新兴市场国家总体样本里不同类型经济体变量的不同之处，本书还将亚洲新兴市场国家和"金砖五国"作为细分样本单独进行研究。如表 5.3 所示，亚洲新兴市场国家的实际离岸服务外包收入额（OSO）的平均值远远大于新兴市场国家总体样本平均值，而"金砖五国"的实际收入额平均值更是达到总体样本的 2 倍多，其中，亚洲 6 国的离岸服务外包收入额占 14 个新兴市场国家总体收入额的 75.67%，贡献率远远超过其他各洲国家。另外，"金砖五国"的收入额也占总体样本的 73.09%，尤其是印度和中国，分别占总体样本的 35.02% 和 34.23%，分列世界离岸服务外包承接国的第一位和第二位。而对于离岸服务外包收入波动性（Vol），亚洲新兴市场国家和"金砖五国"的数值也均高于总体样本。对于独立货币政策（MI）和资本完全流动（KAOPEN），亚洲新兴市场国家和"金砖五国"的数值均低于总体样本，直观反映这两个指标与离岸服务外包收入额和收入波动性无正相关性。

---

① 本书选取的新兴市场国家包括阿根廷、巴西、智利、中国、印度、马来西亚、墨西哥、巴基斯坦、秘鲁、菲律宾、波兰、俄罗斯、南非和泰国等国。亚洲新兴市场国家包括中国、印度、马来西亚、巴基斯坦、菲律宾和泰国 6 国。

② "金砖五国"是指中国、印度、巴西、俄罗斯和南非。

表5.3　新兴市场国家样本及其分组样本的描述性统计及数据来源

变量名称	EME 平均值	EME 最小值	EME 最大值	Asian EME 平均值	Gold Brick 平均值
OSO[a]	63.143	4.969	400.000	111.4840	129.230
Vol[a]	9.002	0.311	60.015	16.0310	18.401
Service[a]	150.000	10.828	1100.000	250.3010	265.960
Sv[a]	17.676	0.302	150.000	29.6159	33.462
MI[b]	0.464	0.000	1.000	0.4400	0.430
ERS[b]	0.459	0.067	1.000	0.5900	0.460
KAOPEN[c]	0.644	0.500	0.938	0.5900	0.540
GDP[a]	7.795	6.249	10.477	7.8100	8.620
M2[a]	0.678	0.206	1.808	0.9500	0.770
Savings[a]	0.111	0.049	0.156	0.1100	0.110
Trade[a]	0.688	0.202	2.204	0.9100	0.470

注：（1）上述收入额均为以1999年为基期的实际金额，单位为亿美元；（2）数据来源：a. 直接来源于 UNCTAD 数据库；b. 根据 UNCTAD 数据库数据计算得到；c. 根据 IMF 的 ARE-AER 报告计算得到。

图5.2是比较三种类型经济体的三个自变量数值平均值直观差别的雷达图。从总体上看，三个自变量独立货币政策（MI）、固定汇率制（ERS）和资本完全流动（KAOPEN）的取值范围大体介于0.3~0.7。其中，三种类型经济体的独立货币政策（MI）的取值非常接近，表明新兴市场国家由于经济发展水平和货币市场完善程度存在共性，导致各

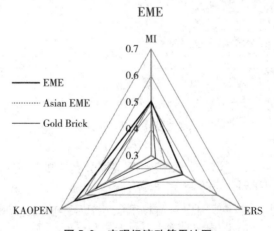

图5.2　宏观经济政策雷达图

国制定货币政策时受到世界利率和大国货币政策影响的程度大体一致。值得注意的是，在图5.2中，新兴市场国家总体样本的三个自变量取值相比两个细分样本国家来说均较大，而结合表5.3发现，总体样本的离岸服务外包收入额和收入波动性却均是最小的。而"金砖五国"的固定汇率制（ERS）和资本完全流动（KAOPEN）均最小，反映"金砖五国"的资本完全流动在新兴市场国家中最低，而且汇率越趋向于浮动汇率。

图5.3显示了新兴市场国家及其细分市场在1999~2011年总体样本以及细分样本的独立货币政策（MI）的变化趋势。由图中可见，独立货币政策（MI）经历了S形的剧烈变动。自21世纪初的高位跌至2004年的最低点，表明21世纪第一个十年前期，由于美国正处在第三次科技革命的繁荣时期，同时开始实行低利率的宽松货币政策，引发新兴市场国家将大额外汇储备投资美国国债，从而受到美国货币政策制约。当2008年世界金融危机发生时，新兴市场国家逐渐意识到本国正在为美国的债务埋单，从而开始逐渐摆脱美国等大国货币政策的影响，并且为数众多的这类国家通过成功实施反周期货币政策，走出金融危机的阴霾，因此独立货币政策（MI）在危机后逐步回升。

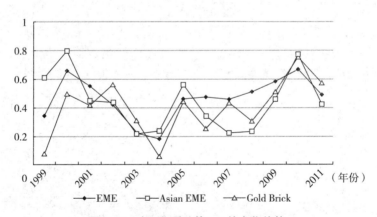

图5.3　独立货币政策MI的变化趋势

图5.4显示的是新兴市场国家及其细分样本的固定汇率制（ERS）的变化趋势。相对于独立货币政策的剧烈变化，汇率波动幅度相对平稳。可以看出，除了亚洲新兴市场国家在2003年前后汇率稳定趋势稍有加强之外，新兴市场国家坚持固定汇率制的程度在十几年间总体呈下

降趋势。其中，相比新兴市场国家总体样本和"金砖五国"来说，亚洲新兴市场的汇率稳定性较高。值得注意的是，当2008年世界金融危机来临时，所有新兴市场国家的固定汇率制（ERS）均显著下降，跌至13年间的最低点，说明当一国经济面临外部冲击时，放弃固定汇率制而选择浮动汇率制，以此来缓冲国际危机对本国实体经济的冲击仍是新兴市场国家的主要措施，也直观表明了浮动汇率制能有效降低对外贸易及离岸服务外包产出波动的功能。

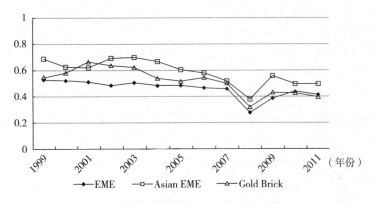

图5.4　固定汇率制 ERS 的变化趋势

图5.5显示了资本完全流动（KAOPEN）的变化趋势。相较前两个指标，资本完全流动（KAOPEN）的变化趋势异常平稳，甚至有些国家，如印度、巴基斯坦和马来西亚等亚洲国家，在1999～2011年

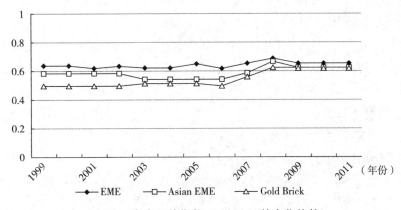

图5.5　资本开放指数 KAOPEN 的变化趋势

从未变更过对资本完全流动管制的政策。三类新兴市场国家的 KAOPEN 指数均表现出缓慢上升的趋势。其中，总体样本的指数水平高于两类细分样本，而令人意外的是，"金砖五国"的资本完全流动水平最低，表明这些国家相对于拉丁美洲的新兴市场国家来说，对外开放政策更加保守。

自 2005 年以后，全球资本流动的特征可归为三个阶段。首先，2005~2006 年，在全球金融危机发生之前，全球流动性充足，资本价格较低，新兴市场国家由于较高的利率吸引了大量私人资本流入，出现了经济过热现象，由此，这些国家不约而同地加强了资本流动管制，KAOPEN 指数略有下降。其次，2007~2008 年，全球金融危机爆发，资本扩张链条中断，全球流动性突然枯竭，发达国家面临痛苦的去杠杆化过程，使得新兴市场国家受到波及，国际资本外流，引起外汇储备下降和汇率波动，因此这些国家纷纷下调资本管制力度，呈现逆市开放趋势。最后，在 2009 年至今的后危机时代，新兴市场国家快速复苏，而美国等发达国家通过低利率的宽松货币政策向市场注入流动性，利差的扩大使得国际资本又开始从发达国家向新兴市场国家转移，引发通货膨胀压力，于是这些国家又上调资本管制力度，KAOPEN 指数上升。

2. 实证结果分析

为验证 H5-1~H5-3 是否成立，本书使用混合最小二乘法（Pooled OLS）对模型 5-6 进行估计，对三类新兴市场样本数据做回归，回归结果呈现于表 5.4。第（1）~（3）列是对新兴市场国家总体样本进行回归的结果，由于三个指标存在完全共线性，不能同时出现在一个模型中，因此将三大指标两两放入模型中进行回归，其中调整 R^2 均在 0.535 以上，表明三元悖论模型对离岸服务外包收入额增长具有较高的解释力度。在第（1）列和第（2）列中，独立货币政策（MI）对离岸服务外包收入额增长无显著影响，H1 未得到支持。可能的原因是新兴市场国家的货币市场和外汇市场尚不完善，货币政策刺激产出增长的传导性还未能对离岸服务外包收入额增长产生明显的促进作用。而在第（1）列和第（3）列中，固定汇率制（ERS）与离岸服务外包收入额增长呈现显著负相关，系数在 10% 水平上显著。H2 得到支持。这一结果与 Daly

(1998)[196]将对外贸易收入额作为因变量的结论保持一致，说明离岸服务外包作为服务贸易的组成部分，延续了对外贸易总体收入额的实证分析结果。在第（2）列和第（3）列中，资本完全流动（KAOPEN）与离岸服务外包收入额增长无显著影响，H3未得到支持。

第（4）~（6）列是对亚洲新兴市场国家样本的回归结果。与总体样本相异的是，在第（4）列和第（5）列中，独立货币政策（MI）与离岸服务外包收入额增长呈显著正相关，系数在1%水平上显著。H5-1得到支持。这一结果说明，亚洲新兴市场国家的货币政策运行效果较好，对经济产出以及离岸服务外包等对外贸易收入增长具有显著的刺激作用。在第（4）列和第（6）列中，固定汇率制（ERS）基本与总体样本保持一致，对离岸服务外包收入额增长产生负面影响。H5-2得到支持。在第（5）列和第（6）列中，资本完全流动（KAOPEN）对离岸服务外包收入额增长没有显著影响，H5-3没有得到支持。说明亚洲新兴市场国家的资本市场体制不够完善，效率较发达国家资本市场来说比较低下，因此，资本完全流动程度高并不能给提高离岸服务外包收入带来显著正面影响。

第（7）~（9）列是对"金砖五国"样本的回归结果。其中，独立货币政策（MI）的系数为正，但是没有通过显著性检验，说明"金砖五国"的货币政策传导性不足。但是，固定汇率制（ERS）对离岸服务外包收入额增长的影响显著为正，且在1%水平上显著。说明浮动汇率制比固定汇率制能更好地适应国际市场波动，促进离岸服务外包收入额平稳增长。令人吃惊的是，资本完全流动（KAOPEN）的系数显著为负，且通过1%水平检验。这一结果的可能原因是，"金砖五国"的资本市场体系尚有较大风险，盲目开放资本项目流动，不但不能提高离岸服务外包收入，反而可能加剧国际市场上的投机性热钱流动，从而引发经济波动。

表5.4　宏观经济政策选择对总体及分组样本离岸服务外包收入影响的检验结果

	EME			Asian EME			Gold Brick		
	(1)	(2)	(3)	(4)	(5)	(6)	(7)	(8)	(9)
MI	-1.599 (-0.8)	-1.615 (-0.8)		1.046*** (3.11)	1.080*** (3.16)		0.285 (0.74)	0.525 (1.41)	
ERS	-1.549* (-1.7)		-1.585* (-1.8)	-0.871* (-1.7)		-0.949 (-1.6)	-0.255*** (-4.3)		-0.177*** (-3.1)
KAOPEN		0.126 (0.18)	0.124 (0.18)		0.112 (0.82)	0.591 (0.38)		-0.108*** (-4.9)	-0.775*** (-3.6)
GDP	0.496*** (-6.2)	0.499*** (6.08)	0.498*** (6.06)	1.825*** (10.1)	1.879*** (9.97)	1.744*** (8.78)	0.209 (6.77)	0.232*** (7.56)	0.238*** (8.37)
M2	1.647*** (-6.7)	1.618*** (6.98)	1.660*** (6.70)	-0.204*** (-3.4)	-0.252*** (-4.4)	-0.170** (-2.5)	-0.253 (-0.4)	-0.176*** (-2.9)	-0.106* (-1.8)
Savings	-0.863** (-2.3)	-0.803** (-2.3)	-0.862** (-2.3)	0.365 (0.50)	0.100 (1.28)	0.174 (0.19)	-0.751 (-0.0)	0.145** (2.46)	0.127** (2.31)
Trade	-0.555** (-2.7)	-0.553** (-2.7)	-0.572** (-2.8)	1.105*** (3.23)	1.170*** (3.36)	1.100*** (2.97)	-1.202 (-0.8)	-0.316 (-0.24)	-1.207 (-0.9)
_cons	-0.298** (-3.5)	-0.313*** (-3.7)	-0.305*** (-3.5)	-0.127*** (-8.0)	-0.140*** (-8.6)	-0.115*** (-6.2)	-0.141 (-4.8)	-0.189*** (-6.3)	-0.179*** (-6.5)
N	182	182	182	78	78	78	65	65	65
Adj-R^2	0.536	0.536	0.535	0.785	0.777	0.750	0.680	0.708	0.750

注：***、** 和 * 分别代表在1%、5%和10%水平上拒绝原假设，括号中为基于White异方差标准误计算而得的t值。

为了验证 H5 - 4 ~ H5 - 6，本书继续采用 Pooled OLS 估计了模型
5 - 8，回归结果呈现于表 5.5。Panel A 显示的是新兴市场国家离岸服务
外包收入额异常波动性的回归分析结果。由 Panel A 可见，货币独立政策
和固定汇率制的异常波动率均对离岸服务外包收入额异常波动无显著
影响，因此，H5 - 4 和 H5 - 5 没有得到支持。这也许是由于货币政策
传导机制产生失灵现象，因此，独立货币政策的经济稳定效应没能降低
离岸服务外包波动性。而资本完全流动的异常波动则对因变量有显著的
积极作用，系数在 1% 水平上通过检验，H5 - 6 得到支持。说明对新兴
市场国家总体样本而言，资本流动性越高，离岸服务外包收入波动的风
险越高。这一结果与 Coulibaly（2012）[198] 的论断相反，他通过分析开
放度较高和国际资本流动较快的国家经验数据，发现这些国家能够更好
地实施反周期货币政策，从而降低经济和对外贸易产出的波动性。

Panel B 和 Panel C 分别显示了亚洲新兴市场国家和"金砖五国"
的离岸服务外包收入额异常波动性的回归分析结果。两个面板数据结
果与总体样本基本保持一致，值得注意的是，资本完全流动性的显著
性水平较总体样本有所降低，说明亚洲新兴市场国家和"金砖五国"
相比新兴市场国家总体来说，资本流动性对离岸服务外包收入额波动
的影响度较低。

表 5.5　宏观经济政策波动对异常离岸服务外包收入波动性的检验结果

	Ex_volatility					
	(1)		(2)		(3)	
Panel A：EME						
Ex_MI	- 0. 175	(- 0. 31)	- 0. 140	(- 0. 25)		
Ex_ERS	- 0. 655	(- 1. 17)			- 0. 729	(- 1. 35)
Ex_KAOPEN			0. 451 ***	(3. 39)	0. 458 ***	(3. 46)
Break	- 0. 512 **	(- 2. 49)	- 0. 405 **	(- 2. 00)	- 0. 398 **	(- 1. 98)
_cons	0. 179 ***	(8. 78)	0. 119 ***	(5. 18)	0. 127 ***	(6. 68)
N	182		182		182	
Adj - R^2	0. 028		0. 080		0. 089	
Panel B：Asian EME						
Ex_MI	- 0. 908	(- 0. 74)	- 0. 747	(- 0. 62)		

	Ex_volatility					
	(1)		(2)		(3)	
Ex_ERS	-0.634	(-0.68)			-0.668	(-0.74)
Ex_KAOPEN			0.533*	(1.99)	0.547**	(2.05)
Break	-0.647	(-1.51)	-0.435	(-1.00)	-0.443	(-1.02)
_cons	0.233***	(5.45)	0.153***	(2.95)	0.144***	(3.47)
N	78		78		78	
Adj-R²	0.038		0.053		0.055	
Panel C: Gold Brick						
Ex_MI	-0.346**	(-2.09)	-0.202	(-1.10)		
Ex_ERS	-0.190	(-1.63)			-0.880	(-0.68)
Ex_KAOPEN			0.783*	(1.97)	0.867**	(2.2)
Break	-0.974*	(-1.68)	-0.647	(-1.09)	-0.570	(-0.96)
_cons	0.394***	(5.69)	0.214**	(2.34)	0.162**	(2.32)
N	65		65		65	
Adj-R²	0.121		0.142		0.128	

注：***、** 和 * 分别代表在1%、5%和10%水平上拒绝原假设，括号中为基于 White 异方差标准误计算而得的 t 值。

（四）非新兴市场国家离岸服务外包政策结构的线性回归分析

本研究数据主要来源于世界银行 UNCTAD 数据库及 IMF 的汇兑安排与汇兑限制年报（AREAER），样本选择是选取 1999~2011 年离岸服务外包收入额最高的非新兴市场国家 32 国数据。按经济体类型可以划分为非新兴市场发展中国家（Other Less Developed Countries，Other LDC）13 个，欧元区国家（Eurozone）9 个，非欧元区发达国家（Other More Developed Countries，Other MDC）10 个[1]，总体样本共计 598 个。

---

① 非新兴市场发展中国家包括喀麦隆、哥伦比亚、哥斯达黎加、埃及、肯尼亚、科威特、黎巴嫩、毛里求斯、摩洛哥、尼日利亚、巴拿马、巴拉圭和乌干达等国；欧元区国家包括奥地利、比利时、芬兰、法国、德国、爱尔兰、意大利、荷兰和西班牙等国；非欧元区发达国家包括澳大利亚、加拿大、以色列、日本、新西兰、新加坡、韩国、瑞典、瑞士和英国等国。由于美国是计算各国实际利率相关性的参照国，又是计算各国汇率的基本国，因此本研究中不包括美国数据。

1. 描述性统计

表 5.6 列示了本研究变量的基本统计量和数据来源。发达国家的离岸服务外包收入额远远超过发展中国家，其中收入额最大的是欧元区国家，最小的是非新兴市场发展中国家。对于货币政策独立性（MI），最高的是非新兴市场发展中国家，表明该类国家的货币政策受大国货币政策的干扰较少，其余三类经济体平均值相等。对于汇率稳定性（ERS），由于需要借助稳定汇率来平抑汇率市场风险，从而降低经济波动，因此，发展中国家对汇率稳定的需要远远高于发达国家。对于金融开放度（KAOPEN），四类经济体的平均数值基本持平。

表 5.6　　　　　总体样本及分组样本的描述性统计及数据来源

变量名称	总样本量平均值	总样本量最小值	总样本量最大值	EME平均值	Other LDC平均值	Eurozone平均值	Other MDC平均值
OSO[a]	154.166	2.664	713.226	68.71	11.010	347.210	286.17
Vol[a]	1651.236	22.793	7965.174	979.33	209.790	3405.500	2886.94
Service[a]	320.560	10.410	2440.240	307.06	249.533	3590.826	3029.11
Sv[a]	299.500	1.000	598.000	277.76	311.990	322.720	292.80
MI[b]	0.469	0.000	1.000	0.46	0.490	0.460	0.46
ERS[b]	0.424	0.067	1.000	0.46	0.500	0.310	0.39
KAOPEN[c]	0.770	0.500	1.000	0.77	0.780	0.770	0.76
GDP[a]	7.381	3.738	10.862	7.80	5.490	8.410	8.34
M2[a]	0.917	0.000	2.478	0.68	0.660	1.430	1.12
Savings[a]	0.119	0.007	0.221	0.11	0.090	0.140	0.15
Trade[a]	0.831	0.188	4.605	0.69	0.770	0.970	0.99

注：（1）上述收入额均为以 1999 年为基期的实际金额，单位为亿美元；（2）数据来源：a. 直接来源于 UNCTAD 数据库；b. 根据 UNCTAD 数据库数据计算得到；c. 根据 IMF 的 AREAER 报告计算得到。

图 5.6 显示了 1999~2011 年总体样本以及四类经济体样本货币政策独立性（MI）的变化趋势。其中欧元区国家的货币政策独立性经历了极其剧烈的动荡，在 2008 年爆发金融危机之后欧元区国家开始纷纷

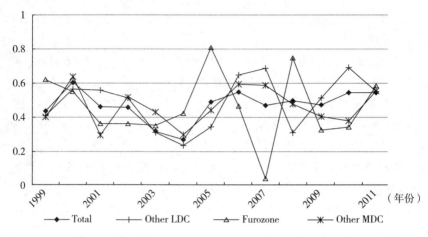

图 5.6　货币政策独立性 MI 的变化趋势

摆脱美国等国货币政策的影响，制定符合本国国情的货币政策来抵挡投机性热钱的冲击，独立自主地运用货币工具为本国宏观经济服务。非新兴市场发展中国家的货币政策独立性则经历了 U 形变化，这一趋势与总体样本基本保持一致，说明这些国家在经济全球化过程中，货币政策逐渐受到美国等国的影响，但是到 2004 年之后就逐步回升，开始摆脱大国的货币政策控制。并且发展中国家没有因为 2008 年危机的影响而产生波动，相反在危机后采取宽松的货币政策极大缓解了金融危机对经济造成的冲击，货币政策独立性也持续稳步上升，直到 2011 年稍有下降。

　　汇率稳定性（ERS）的变化趋势如图 5.7 所示，相比货币政策独立性的剧烈变化，汇率的变化则相对平稳。其中，在 2007 年之前，两类发达国家（Eurozone and Other MDC）的汇率稳定性均缓慢上升，而非新兴市场发展中国家则缓慢下降，说明发展中国家的汇率政策在逐步转向浮动汇率制。值得注意的是，在 2008 年金融危机时，这四类经济体呈现出变化趋势的共性，均显著下降，即不约而同地选择放弃稳定汇率，采取浮动汇率来抵消金融危机对本国经济和对外贸易的冲击，直观反映了浮动汇率能有效降低贸易以及离岸服务外包产出波动。

　　图 5.8 表示的是金融市场开放度（KAOPEN）的变化趋势。该指数随着金融市场开放程度的提高而上升。相对前两个指标来说，

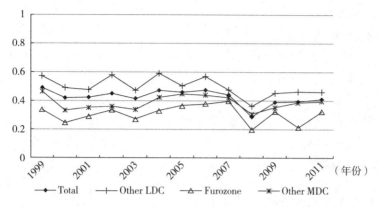

图 5. 7　汇率稳定性 ERS 的变化趋势

KAOPEN 指数表现得异常平稳，甚至如印度、马来西亚、巴拿马等亚洲和拉丁美洲国家，在 1999～2011 年从未更改过关于金融市场开放度管制的政策。在 2006 年之前，发达国家的金融市场开放度明显高于发展中国家，而从 2006 年开始，两类发达国家均不约而同地加强对金融市场，尤其是资本市场开放度的管制，KAOPEN 指数略有下降。

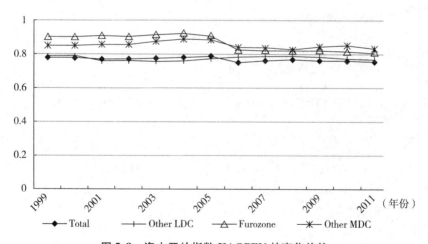

图 5. 8　资本开放指数 KAOPEN 的变化趋势

2. 实证结果分析

为了用非新兴市场国家样本数据来验证 H5 - 1 ~ H5 - 3，本书继续对模型 5 - 6 进行估计，并且加入对年度效应的分析，回归结果呈现于表 5.7。第（1）~（3）列将三大指标两两放入模型中进行回归，其中调整 R^2 均在 0.662 以上，表明三元悖论模型对离岸服务外包收入增长具有较高的解释力度。其中，货币政策独立性（MI）对离岸服务外包收入增长没有显著影响，H5 - 1 没有得到证实。可能的原因是缺乏发达的货币市场和外汇市场，货币政策的传导性不能对离岸服务外包收入增长产生明显的促进作用。而汇率稳定性（ERS）与离岸服务外包收入增长呈现显著负相关，系数在 1% 水平上显著。H5 - 2 得到证实。这一结果表明离岸服务外包作为服务贸易的组成部分，服从对外贸易总体实证分析结果。金融市场开放度（KAOPEN）与离岸服务外包收入增长显著正相关，系数也在 1% 水平上显著。H5 - 3 得到证实。另外在年度效应分析中可以看出，2008 年以前年度对模型影响并不大，但从 2008 年到 2011 年的年度效应对模型有显著影响，说明在全球金融危机之后，全球离岸服务外包收入仍受到危机一定程度的负面影响。本研究用各国服务贸易收入（Service）进行稳健性检验发现，在变量显著性和系数方向上与离岸服务外包收入作为因变量时是基本一致的，但是调整 R^2 下降，说明宏观经济政策选择对于服务贸易收入增长的解释力度小于离岸服务外包。

表 5.7　宏观经济政策选择对总体样本离岸服务外包收入影响的检验结果

	OSO			Service		
	（1）	（2）	（3）	（4）	（5）	（6）
MI	-0.600 (-0.41)	-0.789 (-0.54)		-4.414 (-0.22)	-5.749 (-0.28)	
ERS	-0.169 *** (-6.72)		-0.166 *** (-6.81)	-1.273 *** (-3.60)		-1.272 *** (-3.60)
KAOPEN		0.348 *** (6.34)	0.339 *** (6.42)		0.24 (0.31)	0.174 (0.23)
GDP	0.634 *** (16.84)	0.691 *** (18.09)	0.674 *** (18.33)	1.740 *** (3.3)	1.901 *** (3.53)	1.769 *** (3.32)

续表

	OSO			Service		
	（1）	（2）	（3）	（4）	（5）	（6）
M2	0. 171 ***	0. 144 ***	0. 161 ***	− 0. 339 **	− 0. 471 ***	− 0. 342 **
	（14. 79）	（12. 61）	（14. 32）	（− 2. 10）	（− 2. 92）	（− 2. 10）
Savings	− 0. 505 **	− 0. 316	− 0. 692 ***	3. 591	6. 358 **	3. 460
	（− 2. 56）	（− 1. 63）	（− 3. 63）	（1. 32）	（2. 38）	（1. 26）
Trade	0. 474 ***	0. 412 ***	0. 431 ***	2. 580 **	2. 392 *	2. 539 **
	（5. 35）	（4. 62）	（5. 03）	（2. 08）	（1. 9）	（2. 04）
_cons	− 0. 393 ***	− 0. 531 ***	− 0. 413 ***	1. 943 ***	0. 940 **	1. 990 ***
	（− 10. 34）	（− 16. 04）	（− 11. 33）	（3. 59）	（2. 03）	（3. 58）
N	598	598	598	598	598	598
年度效应	Yes	Yes	Yes	Yes	Yes	Yes
Adj – R^2	0. 662	0. 659	0. 684	0. 352	0. 295	0. 360

注：*** 、** 和 * 分别代表在 1% 、5% 和 10% 水平上拒绝原假设，括号中为基于 White 异方差标准误计算而得的 t 值。

不同类型经济体的回归结果呈现于表 5.8。第（1）~（3）列显示了非新兴市场发展中国家的模型数据结果。我们惊奇地发现，该分组样本与总体样本表现出明显的差异。首先，汇率稳定性（ERS）与这些国家的离岸服务外包收入增长没有显著相关性，可能原因是非新兴市场发展中国家中各国的市场完善程度和风险规避措施各异，汇率波动对离岸服务外包的影响存在不确定性。其次，金融市场开放度（KAOPEN）与这组国家的离岸服务外包收入增长呈显著负相关，且在 1% 水平上显著。这一数据结果表明这组国家金融市场制度尚不健全，因此一旦开放金融市场，不仅不能有效提高离岸服务外包收入，反而将自身暴露在世界市场的各种风险敞口中（谈世中，2002）[200]，导致国家产出波动，最终阻碍离岸服务外包收入平稳增长。第（4）~（6）列显示了全部发达国家样本下的模型数据结果。该分组样本基本维持了与总体样本相同的系数特征。发达国家的货币政策独立性（MI）与其离岸服务外包收入增长呈显著正相关，且在 10% 水平上显著。说明对于发达国家来说，货币市场与资本市场发达，货币政策的传导机制较强，使得货币政策能够对离岸服务外包发展产生积极影响。并且，对于金融市场开放度

（KAOPEN），相比新兴市场国家的不显著相关和非新兴市场发展中国家的负相关来说，发达国家的系数在1%水平上显著为正且系数很大（5.263和4.982），说明这些国家的金融市场效率很高，市场开放度增加1%，则离岸服务外包收入增加5%左右。

表5.8　宏观经济政策选择对分组样本离岸服务外包收入影响的检验结果

	Other LDC			MDC		
	(1)	(2)	(3)	(4)	(5)	(6)
MI	0.305	0.299		3.753 *	3.055	
	(1.55)	(1.58)		(1.73)	(1.39)	
ERS	0.578		0.368	−2.446 ***		−2.304 ***
	(0.16)		(1.01)	(−4.63)		(−4.45)
KAOPEN		−0.224 ***	−0.244 ***		5.263 ***	4.982 ***
		(−3.27)	(−3.42)		(3.34)	(3.27)
GDP	0.108	0.601	0.402	1.215 ***	1.187 ***	1.206 ***
	(1.32)	(0.75)	(0.49)	(15.38)	(14.8)	(15.81)
M2	0.229 ***	0.235 ***	0.225 ***	1.609 ***	1.724 ***	1.558 ***
	(14.77)	(17.31)	(15.06)	(9.12)	(9.82)	(8.91)
Savings	−0.00920 ***	−0.0102 ***	−0.0100 ***	−0.206 ***	−0.229 ***	−0.191 ***
	(−3.28)	(−3.8)	(−3.67)	(−5.69)	(−6.27)	(−5.49)
Trade	−0.108 ***	−0.0914 ***	−0.0995 ***	0.757 ***	0.660 ***	0.745 ***
	(−3.94)	(−3.68)	(−3.72)	(7.21)	(6.23)	(7.2)
_cons	0.0217	0.0534	0.0652	−0.668 ***	−0.739 ***	−0.687 ***
	(0.31)	(0.78)	(0.96)	(−8.03)	(−8.64)	(−8.38)
N	169	169	169	247	247	247
Adj − R^2	0.666	0.688	0.685	0.744	0.733	0.752

注：*** 、** 和 * 分别代表在1%、5%和10%水平上拒绝原假设，括号中为基于White异方差标准误计算而得的t值。

　　为了验证H5 −4 ~ H5 −6，本研究继续采用Pooled OLS估计了模型5−7，回归结果呈现于表5.9。第（1）~（3）列的因变量是离岸服务外包收入波动性，其中调整 R^2 均在0.532以上，解释度较好。其中，货币政策独立性（MI）对离岸服务外包收入波动性仍然没有显著影响，

H5 -4没有得到证实。这也许是因为货币政策传导机制失灵，因此在货币政策独立以稳定经济的同时，稳定因素没能降低离岸服务外包波动性。但这一数据结果证实了 Svensson（2012）[213]的论述，即货币政策存在迟滞性，虽然能够影响实体经济稳定，从而影响离岸服务外包收入稳定性，但是它并非合适的维持对外贸易收入稳定的政策工具。而汇率稳定性（ERS）与离岸服务外包收入波动性继续呈现显著负相关，系数在1% 水平上显著。H5 - 5 得到证实。金融市场开放度（KAOPEN）也仍然与离岸服务外包收入波动性显著正相关，系数也在1% 水平上显著。H5 -6 得到证实。说明对世界总体样本而言，金融市场越开放，离岸服务外包收入波动的风险越高。本研究用各国服务贸易收入波动性（Svol）进行稳健性检验发现，在变量显著性和系数方向上与离岸服务外包收入作为因变量时是基本一致的，稳健性检验得到通过。

表5.9　　宏观经济政策选择对总体样本离岸服务外包收入
波动性影响的检验结果

	Vol			Svol		
	（1）	（2）	（3）	（4）	（5）	（6）
MI	0.125	0.109		-2.174	-2.206	
	(0.67)	(0.58)		(-1.04)	(-1.05)	
ERS	-0.140 ***		-0.136 ***	-0.28		-0.277
	(-4.27)		(-4.22)	(-1.77)		(-1.76)
KAOPEN		0.268 ***	0.261 ***		0.941	0.926
		(3.78)	(3.73)		(1.19)	(1.17)
GDP	0.655 ***	0.701 ***	0.683 ***	-1.149 **	-1.012 *	-1.000 *
	(13.44)	(14.16)	(14.01)	(-2.11)	(-1.84)	(-1.82)
M2	0.163 ***	0.142 ***	0.155 ***	0.12	0.066	0.104
	(10.9)	(9.57)	(10.38)	(0.72)	(0.4)	(0.62)
Savings	-0.645 **	-0.489 *	-0.770 ***	0.257	0.268	0.186
	(-2.56)	(-1.95)	(-3.08)	(0.92)	(0.99)	(0.66)
Trade	0.598 ***	0.549 ***	0.573 ***	-0.286	-0.433	-0.498
	(5.21)	(4.75)	(5.04)	(-0.22)	(-0.34)	(-0.39)

	Vol			Svol		
	(1)	(2)	(3)	(4)	(5)	(6)
_cons	− 0. 403 ***	− 0. 512 ***	− 0. 408 ***	0. 366 ***	0. 341 ***	0. 357 ***
	(− 8. 18)	(− 12. 03)	(− 8. 50)	− 6. 64	− 7. 13	− 6. 47
N	598	598	598	598	598	598
年度效应	Yes	Yes	Yes	Yes	Yes	Yes
Adj − R^2	0. 535	0. 532	0. 545	0. 153	0. 126	0. 172

注： *** 、 ** 和 * 分别代表在 1% 、5% 和 10% 水平上拒绝原假设，括号中为基于 White 异方差标准误计算而得的 t 值。

（五） 加入外汇储备规模作为门槛变量后的非线性回归分析

1. 线性回归结果分析

为了验证政策选择及其与外汇储备的交互作用对离岸服务外包收入增长的影响，本研究采用固定效应模型对模型 （5 - 10） 进行估计，回归结果呈现在表 5. 10 中。表 5. 10 按世界各国、新兴市场国家与欧盟国家进行分组，分别将三元悖论模型的三个变量及其与外汇储备的交乘项两两放入模型中进行回归。令人吃惊的是，除了在世界各国样本下，货币政策独立性（MI）、汇率稳定性（ERS）及其各自与外汇储备（IR）的交乘项不显著之外，其余回归结果均显示，三大变量单独影响离岸服务外包收入额的系数与它们各自引入外汇储备交乘项之后的系数值完全相反，这意味着在加入外汇储备的影响后，政策选择对离岸服务外包收入额的作用完全转向，这一结果证实了前述理论假设，说明由于外汇储备（IR）的存在，可能导致政策选择与离岸服务外包收入额之间存在非线性关系。

表 5.10　政策选择对世界各国与部分细分国家样本离岸服务外包收入影响的检验结果

	Total			EME				Eurozone	
	(1)	(2)	(3)	(4)	(5)	(6)	(7)	(8)	(9)
MI	-0.770	-1.478		-1.932	-2.760		9.726*	5.498	
	(-0.56)	(-1.11)		(-1.09)	(-1.45)		(1.81)	(1.10)	
MI * IR	0.17	0.367		0.453*	0.680***		-3.781*	-2.456	
	(0.76)	(1.62)		(1.88)	(2.59)		(-1.86)	(-1.30)	
ERS	-0.014		-0.016	0.039		0.024	0.245		0.102
	(-0.41)		(-0.48)	(1.12)		(0.71)	(0.64)		(0.29)
ERS * IR	-0.0304		-0.0286	-0.241***		-0.227***	0.634		0.915
	(-0.49)		(-0.47)	(-4.53)		(-4.23)	(0.55)		(0.82)
KAOPEN		0.342***	0.334***		0.186***	0.139**		1.466***	1.548***
		(5.24)	(5.10)		(2.76)	(2.25)		(4.02)	(4.25)
KAOPEN * IR		-0.040***	-0.041***		-0.034***	-0.022*		-0.162	-0.180
		(-3.88)	(-3.50)		(-3.13)	(-1.86)		(-1.45)	(-1.55)

续表

	Total			EME			Eurozone		
	(1)	(2)	(3)	(4)	(5)	(6)	(7)	(8)	(9)
IR	-0.451	-0.867***	-0.518*	1.298***	-0.343	0.889**	5.033	7.940***	4.757
	(-1.37)	(-3.22)	(-1.69)	(3.92)	(-0.94)	(2.29)	(1.36)	(5.47)	(1.39)
lnGDP	0.915***	0.989***	0.969***	0.829***	0.820***	1.110***	0.863***	0.563**	0.482*
	(7.00)	(7.50)	(7.69)	(5.09)	(4.87)	(5.99)	(3.05)	(2.05)	(1.82)
M2	0.066***	0.059***	0.063***	0.188***	0.149***	0.224***	0.088***	0.084***	0.086***
	(3.40)	(3.09)	(3.30)	(4.25)	(3.35)	(4.8)	(2.66)	(2.75)	(2.82)
Savings	0.053*	0.054*	0.049	0.028	0.03	0.036	-0.229***	-0.229***	-0.219***
	(1.66)	(1.72)	(1.59)	(0.74)	(0.76)	(0.97)	(-2.83)	(-3.10)	(-2.97)
Trade	1.058***	1.113***	1.072***	-0.263	-0.15	-0.112	2.395***	1.911***	1.925***
	(4.09)	(4.30)	(4.30)	(-0.86)	(-0.48)	(-0.34)	(5.89)	(4.92)	(4.94)
_cons	-7.352***	-7.891***	-7.702***	-7.801***	-7.153***	-10.138***	-7.785***	-4.674*	-4.473*
	(-7.43)	(-8.07)	(-8.10)	(-5.71)	(-5.17)	(-6.69)	(-2.61)	(-1.86)	(-1.69)
N	644	644	644	196	196	196	126	126	126
AdjR^2	0.525	0.530	0.540	0.597	0.617	0.568	0.765	0.802	0.801

注：括号中为基于 White 异方差标准误计算而得的 t 值，***、**和 * 分别代表在 1%、5% 和 10% 水平上显著。

2. 门限模型分析

鉴于线性回归结果出现的不稳定性，本研究进一步采用多门槛面板门限模型对模型（5－18）进行了估计，结果列示在表 5.11 中。表 5.11 显示，三大变量中，只有金融市场开放度（KAOPEN）的单一门槛在 10% 水平上显著，相应的自抽样 P 值为 0.070，表明从数据特征上分析，外汇储备并未对三大政策目标的实现都产生影响，而只对离岸服务外包与金融市场开放的关系产生了非线性影响，并且适用于单一门槛模型，即外汇储备的存在使得金融市场开放政策对离岸服务外包收入额增长的回归斜率发生了一次转折。但是由于世界各国样本存在较大差异，因此我们进一步将样本分组来考察不同各类型国家所适用的门槛值数值。

表 5.11　世界各国样本下三大变量门槛估计值及自抽样结果检验

模型	门槛估计值	F 值	P 值	自抽样次数	临界值		
					1%	5%	10%
解释变量:MI							
单一门槛	1.128	4.582	0.523	300	23.808	20.072	15.989
双重门槛	0.046	4.465	0.127	300	16.247	9.780	5.610
三重门槛	0.219	3.148	0.273	300	13.875	9.007	6.317
解释变量:ERS							
单一门槛	0.076	4.654	0.120	300	13.756	7.098	5.034
双重门槛	0.768	1.546	0.343	300	10.795	6.951	4.628
三重门槛	1.128	1.887	0.833	300	31.459	23.214	18.682
解释变量:KAOPEN							
单一门槛	1.923	17.719*	0.070	300	35.824	21.295	13.723
双重门槛	0.056	9.019	0.177	300	25.399	16.321	12.558
三重门槛	0.964	5.236	0.313	300	19.932	13.588	11.563

注：检验设定为 Bootstrap 自抽样法重复抽样 300 次，进入模型的最小观测值数目 50 个；*** 、** 和 * 分别代表在 1% 、5% 和 10% 水平下显著。

表 5.12 列示了细分国家样本下外汇储备对金融市场开放的政策效果所产生的非线性作用，所有结果均使用 Bootstrap 自抽样法进行 300 次重复抽样检验而获得。其中，新兴市场国家（EME）适用于单一门槛模型，门槛值为实际 GDP 的 2.52 倍，该结果在 10% 水平上显著，是由于新兴市场国家长期保持贸易顺差等原因积累大量外汇储备，数值符合新兴市场国家所拥有的巨额外汇储备现状。非新兴市场欠发达国家（LDC）与欧元区国家（Eurozone）的门槛值相比新兴市场国家（EME）较小，其中欧元区国家门槛值最小，仅为 GDP 的 2.69 倍。而非欧元区发达国家适用于双门槛模型，表明外汇储备具有两个门槛值，将使得金融市场开放与离岸服务外包之间的回归斜率发生两次转折。下面来进一步估计门槛值对被解释变量与解释变量之间关系所产生的非线性影响的参数。

表 5.12　细分国家样本下 KAOPEN 变量门槛估计值及自抽样结果检验

细分样本	模型	门槛估计值	F 值	P 值	自抽样次数	临界值		
						1%	5%	10%
EME	单一门槛	2.520	25.927 *	0.067	300	80.074	35.124	19.4
LDC	单一门槛	19.318	17.901 **	0.047	300	33.893	17.674	12.42
Eurozone	单一门槛	2.690	25.144 *	0.097	300	46.612	32.345	24.531
MDC	单一门槛	2.733	16.241 **	0.037	300	23.931	15.02	11.508
	双重门槛	1.510	15.643 *	0.06	300	29.891	17.092	13.111

注：P 值和临界值均为设定 Bootstrap 自抽样法重复抽样 300 次，进入模型的最小观测值数目 50 个得到的结果；***、** 和 * 分别代表在 1%、5% 和 10% 水平下拒绝原假设。

3. 门限模型参数估计

世界各国与各细分国家的门槛效应模型参数估计结果列于表 5.13 中。首先，由于新兴市场国家（EME）、非新兴市场发展中国家（LDC）与欧元区国家（Euro）均为单一门槛模型，不存在第二个门槛值 γ_2，因此，对这三组样本来说，$\gamma_1 < IR \leq \gamma_2$ 实际为 $IR > \gamma_1$。在世界各国样本下，当外汇储备低于世界各国样本 GDP 平均值 1.923 倍时，金融市场开放度（KAOPEN）越高，离岸服务外包收入额越大，贡献度达到 0.267；但当外汇储备超过该最优规模时，金融市场开放度的扩大却开始对离岸服务外包收入增加造成阻碍，系数为 -0.317。再进一步关注各细分样本的门槛效应表现，我们发现无一例外地，当这些国家的外汇储备超过其最优规模时，金融市场开放度对离岸服务外包收入额的积极作用均被削弱（欧元区国家），甚至产生反向的消极阻碍作用（新兴市场国家）。其中，只有非欧盟发达国家（MDC）是基于双重门槛模型，当外汇储备规模低于较小门槛值（IR≤1.51）以及介于两个门槛值之间（1.51＜IR≤2.733）时，数据结果不显著，仅当外汇储备规模超过较大门槛值（IR＞2.733）时，才显著为负，证明了储备规模过大时，将对金融市场开放政策的实施效果造成负面影响。

表5.13　世界各国与各细分国家样本下门槛效应模型参数估计结果

	(1)	(2)	(3)	(4)	(5)
	Total	EME	LDC	Eurozone	MDC
IR≤γ_1	0.267 ***	0.046 *	0.308 ***	2.900 ***	-0.651
	(4.6)	(1.79)	(3.34)	(5.29)	(-0.78)
$\gamma_1<$IR≤γ_2	-0.317 **	-0.586 ***	-1.404	0.743 ***	0.797
	(-2.11)	(-3.64)	(-1.60)	(3.67)	(0.98)
IR≥γ_2					-1.886 *
					(-1.85)
IR	-0.782 ***	0.655 **	-0.839 ***	-0.697	-1.441 ***
	(-3.26)	-2.27	(-2.81)	(-0.47)	(-4.64)
lnGDP	1.008 ***	0.296 **	1.031 ***	1.172 **	2.395 ***
	(7.64)	(2.48)	(6.49)	(2.55)	(7.55)
M2	0.605 ***	0.992 ***	0.335	-0.696 *	-0.382
	(3.18)	(3.03)	(1.50)	(-1.86)	(-1.33)
Savings	0.442	-0.173	0.452	0.626	0.872
	(1.42)	(-0.48)	(1.11)	(0.69)	(1.23)
Trade	1.157 ***	-0.474 **	1.213 ***	-0.172	1.713 ***
	(4.48)	(-2.20)	(3.74)	(-0.23)	(4.94)
_cons	-7.994 ***	-2.438 **	-7.653 ***	-7.797 *	-19.310 ***
	(-8.21)	(-2.48)	(-6.78)	(-1.90)	(-6.68)
Adj R^2	0.304	0.695	0.558	0.543	0.669
N	598	182	416	117	130

注：括号中为基于 White 异方差标准误计算而得的 t 值，***、** 和 * 分别代表在1%、5%和10%水平上显著。

第六章

本书主要结论与政策建议

第一节　主要结论

一、关于中国离岸服务外包业务结构研究的主要结论

通过对中国离岸服务外包业务结构的分析，本书得到以下结论：

（1）在度过产业规模急速扩张的初期发展之后，中国传统离岸服务外包产业面临着转型的内部及外部双重压力。中国离岸服务外包产业急需一种全新的升级模式，离岸云外包以其低廉的成本、高效的服务和强大的技术受到全球瞩目，并势必带动传统离岸服务外包的全面革新。

（2）相比传统离岸服务外包，离岸云外包具有两大优势：提高价值链的技术租金优势和大幅度降低产业运营及服务成本优势。因此，传统的离岸 BPO、离岸 KPO 和离岸 ITO 服务外包模式将逐渐转变为基于云计算的 SaaS、PaaS 和 IaaS 模式。

（3）通过对发展离岸云外包业务对服务外包企业市场绩效的影响，本书发现，除了离岸服务外包企业自行建立云计算中心将对企业当期现金流量和投资回报率产生负面影响之外，离岸服务外包企业不同程度开展云外包服务均对企业市场绩效有显著正面影响。

（4）目前离岸云外包仍面临价值链环节重新洗牌和技术应用的安全性等问题，需要进一步进行技术升级。

二、关于中国离岸服务外包区域结构研究的主要结论

通过对中国离岸服务外包区域结构的分析，本书得到以下结论：

区域创新系统主要有三大主体：企业、高校和政府，其中企业与高校以人力和资本要素投入参与技术创新活动，政府主要以资本要素投入参与技术创新活动。本书实证结果证明了如下结论：

（1）区域创新系统中的人力要素投入显著推进区域内离岸服务外包发展。企业与高校投入技术创新活动的人力要素（其中企业投入表现为研发人员，高校投入表现为企业中的高学历人员）与离岸 ITO 发展呈显著正相关关系，且贡献度分别达到 0.431 和 0.886，表明在 ITO 企业的技术创新活动中，人力要素的贡献度很高。

（2）区域创新系统中的校企间研发资本投入对区域内离岸服务外包发展无显著影响。企业与高校进行技术创新合作的资金对离岸 ITO 发展均没有正面影响，这一结果与前期文献一致，说明中国产学研合作机制运行效率偏低，资金投入存在浪费。

（3）区域创新系统中的政府投入企业和高校技术创新活动的资金中，投入企业的资金利用效率较高，对产业发展有显著正面影响，但是投入高校的资金由于使用目的不明确，因此对产业发展没有显著影响。

（4）区域创新系统的运行效率对离岸 ITO 发展有显著的正面影响，但是这一影响存在滞后性。

（5）在分别探讨东中、西部地区的离岸 ITO 发展时发现，东部省份存在显著的区位优势，而中、西部省份则受到地理区位的显著负面影响。

三、关于中国离岸服务外包政策结构研究的主要结论

通过对中国离岸服务外包政策结构的分析，本书得到以下结论：

（一）新兴市场国家样本的实证分析结论

通过对新兴市场国家及细分样本进行实证分析，本书得出结论如下：

（1）总体来说，新兴市场国家的独立货币政策对离岸服务外包收入额增长无显著影响，但是亚洲新兴市场国家的独立货币政策对离岸服务外包收入额增长的影响显著为正。

（2）汇率波动有助于提高离岸服务外包收入额，说明浮动汇率制对离岸服务外包收入增长有积极影响。说明相对新兴市场国家总体来说，亚洲新兴市场国家（包括中国）由于普遍具有良好的宏观经济基本面，且受益于持续性经济和金融体制改革，获得了较好的政策公信力，货币政策传导机制的有效性提高，得以在 2008 年全球金融危机时成功实施反周期货币政策，对产出及服务外包出口额具有显著刺激作用。同时各新兴市场国家可以通过干预外汇市场和发挥外汇储备的"蓄水池"作用来稳定汇率。在保持金融体系稳定、维持货币政策独立性、稳定汇率方面，各国普遍采用宏观审慎管理工具，包括逆周期金融政策和跨行业风险强化管理，与货币政策、汇率政策和财政政策工具进行搭配，加强对国际资本流动的疏导。

（3）资本完全流动对离岸服务外包收入额增长在总体样本和亚洲国家样本上没有显著影响，但对"金砖五国"有显著消极影响，说明对大部分新兴市场国家来说，由于国内金融市场制度尚未健全和完全有效运行，因此盲目加快金融市场开放，提高资本完全流动程度来发展离岸服务外包可能收效甚微，同时将可能受到世界市场投机性资本的冲击，引发经济波动的风险。诸多新兴市场国家在适度调整资本管制程度上采取了卓有成效的措施，比如智利在 20 世纪 90 年代实行强制性存款准备金，要求外国投资者将部分资金存在特定账户，较为成功地应对国际游资冲击。再如，巴西于 2009 年对跨境资本交易征收 Tobin 税，限制了投机资本的大量涌入。但是我们应当清醒地意识到，在完善了资本进一步开放的条件之后，资本开放对贸易和经济增长都能产生显著积极作用，这时一味地限制资本开放将导致增长损失。同时，各类型资本流入对增长的促进作用各异，在鼓励股权流入和 FDI 的同时，应当合理控制债券资本的流入（吴卫锋，2012）[24]。

（二）非新兴市场国家样本实证分析结论

（1）货币政策独立对离岸服务外包收入增长及波动性均无显著影响。

（2）汇率波动有助于提高离岸服务外包收入，同时也增加收入波动性。这说明浮动汇率制对离岸服务外包收入增长有积极影响，同时通过干预外汇市场和发挥外汇储备的"蓄水池"作用来稳定汇率。

（3）金融市场开放在提高离岸服务外包收入的同时也增加了收入波动性。同时，如果中国想通过扩大金融市场开放度来提高离岸服务外包收入，必须保证国内金融市场制度健全和有效运行，不然只会适得其反，反而受到世界市场投机性资本的冲击，引发经济波动的风险。

（三）加入外汇储备的非线性实证分析结论

（1）在外汇储备的影响下，金融市场开放对离岸服务外包收入增长具有非线性作用，当外汇储备维持在合理规模内时，金融市场开放等政策对离岸服务外包业务发展有显著促进作用。当外汇储备规模超过门槛值之后，金融市场开放政策对离岸服务外包的促进作用就被削弱，甚至受到阻碍。原因在于金融市场逐渐开放导致资本项目管制放松，金融市场受投机性热钱干扰的波动性风险加大。当外汇储备维持在一定规模时，能够充分发挥其政策稳压器作用，有效降低汇率波动，维持外汇市场与货币市场稳定，对离岸服务外包发展具有显著的积极作用。但当储备规模超过一定限度之后，基础货币投放扩大，人民币升值压力增大，离岸服务外包潜在风险增多，从而阻碍离岸服务外包业务进一步发展。

（2）本研究结论得到新兴市场国家样本的充分支持，新兴市场国家面临金融市场尚不完善，抵御投机性资本波动风险的能力较弱，因此外汇储备的门槛效应更为明显。同时，本研究还测度了基于新兴市场国家样本下，这些国家引发金融市场开放促进离岸服务外包发展的最大外汇储备规模，即当外汇储备规模小于当年 GDP 总量的 2.52 倍时，金融市场开放将显著提升离岸服务外包水平，但一旦当外汇储备超过这一最优规模之后，开放金融市场反而会加大市场风险，降低离岸服务外包发展水平。从中国现在的外汇储备规模占当年 GDP 比重来看，中国的外汇储备规模仍然位于最大外汇储备规模之内，因此，继续开放金融市场将对离岸服务外包发展起到推动作用。

第二节　政策建议

一、关于中国离岸服务外包业务结构的政策建议

跨国发包企业将离岸服务外包业务转移到中国，主要有三方面的需求：一是运营风险分散的需求；二是中国市场拓展的需求；三是人才持续供给的需求。从此三个方面的需求看，中国离岸服务外包在较长时间内仍有吸引跨国发包企业的基础，但要成为离岸服务外包第一大国，仍需要不断开拓。总体看来，目前中国离岸服务外包发展需要实现以下新的突破：

（一）进一步拓宽离岸服务外包的领域，提升离岸服务外包的内涵

金融危机后，国际经济形势出现了新变化，对离岸服务外包又带来新的机遇，提出了新的要求。此外，跨国发包企业也迫切希望得到针对自身所在行业发展特点和企业紧迫需求的服务。因此，中国的离岸服务外包要不断拓宽新的服务领域，以能够针对客户的不同需求提供外包服务。

中国离岸服务外包在承接项目时，一般都是总承包方进行系统设计、框架分析之后分解出来的子模块，技术含量相对较低，应进一步提升离岸服务外包的质量和技术水平。要努力向全系列软件外包集成方案和定制开发大型企业级应用软件发展，要能够提供系统集成、方案执行、信息技术咨询等服务，加大承接金融服务、电信设备和制造业等垂直行业离岸服务外包的比例。使中国的离岸服务外包企业能够熟练运用关键技术服务于垂直行业、拥有核心竞争力。

（二）加强企业引导，鼓励其提升核心竞争力

1. 充分发挥领军企业的带动作用

根据集聚经济，任何一个聚集性的区位中都存在增长极，因此，在

服务外包示范园区中开展业务的行业龙头企业正是扮演这个角色。政府要有意识加大对这类企业的扶持，鼓励龙头企业积极承担国家重大科技项目攻关和产业创新任务，积极推动国产创新性软件和硬件在国内申请专利，引导大中型离岸服务外包企业在申报电子发展基金、"核高基"重大专项、软件名城和示范园区等节点工作中发挥表率作用。

2. 鼓励传统离岸服务外包企业加快技术升级步伐

目前传统离岸服务外包企业还是靠人力为主来扩大业务额，随着人力成本的不断上升，中小型离岸服务外包企业的生存空间不断受到威胁，因此必须加快技术转型的脚步，加大资源整合力度，可以适当采取并购、入股等资本运作方式获得有价值的资产，从而帮助企业调整战略方向，适应市场不断发展的需求，向产业链价值中高端转移。

3. 与具备云计算资源的 IT 厂商密切合作

在云计算逐渐从概念趋向落实的过程中，广大服务外包企业应当敏锐地捕捉到技术革新的趋势，勇做新兴市场的试水者，在维护现有客户资源的基础上调整现有研发力量，加强与具备云计算能力的 IT 厂商之间的合作，大力开发面向云平台的应用软件和服务，尽量在花费较小成本的情况下实现技术转型，拓展新的业务领域。

（三）以技术创新带动服务外包向价值链高端升级

中国离岸服务外包要实现跨越式发展，需要足够的利润空间和创新能力作为支撑。服务外包企业的核心竞争力包括五方面内涵：（1）服务交付的能力和水平，这一点对于离岸服务外包企业来说是重中之重，直接决定了客户满意度和客户忠诚度；（2）技术储备和创新能力，包括对客户需求的深刻认识和理解、对技术最新发展趋势的敏锐度、拥有著作权和专利权的数量、知识管理能力和自身信息化水平等；（3）服务市场占有率，包括对客户的营销能力、客户关系管理水平、产业链覆盖范围、跨行业和跨文化的市场能力以及品牌认知度等；（4）人力资源建设，这对于传统离岸服务外包企业来说具有重要价值，其中包括核心技术、运营、营销团队建设、员工对企业核心价值认可度、人员稳定性、企业文化建设等；（5）企业战略规划及执行力。

离岸服务外包企业的业务结构从基础性离岸 ITO 向离岸 BPO 以及价值链最高端的离岸 KPO 升级，需要延长并整合产品线，除了提供应用软件的测试开发外，同时应该加大研发力度，大力引进专业人才，并引入云计算和物联网等先进技术，转向开发针对垂直行业如汽车、金融、通信、动漫动画和医药服务等行业的需求研究、总体设计、方案解决等环节的高端服务项目，为客户提供涵盖整个商务流程或垂直行业特殊业务的离岸服务外包，将离岸服务外包提升至价值链高端。在城市层面，各示范城市应当充分借助业已形成规模的优势产业，大力发展与这些产业相关的离岸服务外包业务。以南京为例，南京依托长三角地区的制造业、金融业、生物医药业、动漫产业等优势产业基础，大力发展以信息技术外包业务为主导，与这些产业配套相关的工业设计外包、金融服务外包、生物医药外包、动漫游戏外包、供应链管理外包，并且完善了差异化园区建设、人才培养、资金拨款等一系列政策体系，2013 年，南京市离岸服务外包金额达到 100.6 亿美元，离岸服务外包承接额也达 39.1 亿美元，尤其值得注意的是，在服务的客户中，南京承接的微软、英特尔、福特汽车、三星、阿尔卡特朗讯、富士通等 45 家世界 500 强及中国百强企业发包的业务已突破 30 亿美元，形成了良好的产业布局。这一先进经验值得借鉴。

二、关于中国离岸服务外包区域结构的政策建议

（一）建立有效的区域创新系统，提升区域内服务外包创新能力

区域创新系统的定义为"企业及其他机构在以根植性为特征的制度环境中系统地进行交互学习"（Cooke，1998）[24]。该系统的主体包括聚集产业中的企业群，以及研究和高等教育机构、技术扩散代理机构、职业培训机构、行业协会和金融机构等制度基础设施。而大学—产业—政府间联系对区域创新系统功能的发挥起着至关重要的作用，这三者以螺旋式关系相互作用，能极大地促进吉林省服务外包结构的调整和升级。因此，以政府牵头，逐步发展政府与高校、政府与企业的对接将收到显著收效。具体措施如下：

1. 提高企业、高校与政府合作共研资金的使用效率

从本书的实证结果来看，区域创新系统的三大主体中，企业和高校的技术创新人力要素投入均对离岸服务外包发展有显著的正面影响，且贡献度很大。相对而言，企业与高校合作共研的资金投入，以及政府对高校技术创新活动投入的资金没有发挥应有的作用。因此，应该建立有效的激励以及监督机制，明确资金的用途，以提升研发资金的使用效率。尤其应当建立长久有效的技术创新交流平台和基地，可以考虑用设立专项基金的方式推动平台运作。政府的职能也由直接对企业和高校技术创新活动进行拨款转变为进行目标导向明确的平台建设，以对离岸ITO发展产生更大的促进作用。

2. 重点关注如何提升影响各地区离岸服务外包展的技术创新能力

由实证结果可知，离岸服务外包发展受区位影响显著，因此东部地区在发展离岸服务外包时具有先天的区位优势。但是，近年来西部地区一些省份发展迅猛，有后来居上之势。不过离岸服务外包发展对技术创新的要求远远高于一般行业，尤其要实现全国离岸服务外包向产业链高端攀升，我们不应当只关注地区离岸服务外包的扩大，更应当把焦点放在产业升级的技术创新后劲，也就是技术创新能力的提高上。那些离岸服务外包产业规模较小但技术创新效率高的省份，如安徽省、内蒙古自治区和福建省等，由于技术创新活动运行效率高，从长期看将形成离岸服务外包发展强有力的技术创新支持，支撑地区产业长久持续地发展。

（二）提高技术创新成果转化为生产力的速度

诸多文献得出结论，即区域创新系统的创新成果转化为产业发展存在滞后性，时间为一年到两年。这一结论在本书中得到证实。但是由于离岸服务外包是技术密集型行业，身处竞争激烈的全球市场环境中，最新的技术创新服务是企业赢得竞争的制胜法宝。因此，转化技术创新成果的周期过长将会影响企业的市场竞争力和产业升级。应当在现有技术创新基础设施的平台上，通过设立专项基金，派驻专业化人才，甚至制定专门化政策的方式，由政府牵头，企业、高校等产出性和创造性主体将中间环节省略，直接合作开展技术创新活动，提高将技术创新成果转化为生产力的速度。

（三）继续推进示范城市和示范园区建设，充分发挥集聚效应和溢出效应

首先，在现有北京、上海、南京等 21 个服务外包示范城市，中关村科技园区海淀园、辽宁大连高新技术产业园区等 11 个国家级服务外包示范园区基础上，继续推进示范城市和示范园区建设，尤其鼓励各示范城市和园区从自身优势产业出发，进行差异化发展，从而带动和辐射周边地区，充分发挥增长极的集聚效应和溢出效应。其次，引导各地方将服务外包与城市发展结合起来，实现共赢发展。例如，目前快速发展的智慧型城市建设就与 KPO 很多细分业务，包括智能交通、电子政务等方面有很大部分的契合，政府应当积极牵头加强政府需求和企业业务的对接，从而推动数字化城市和本地产业的共同发展。最后，要结合产业发展需求，深入思考产业中出现的新问题，把握产业发展新趋势，在体制、机制、政策等方面进行创新突破，推动区域服务外包竞争力的全面提升。

（四）把握离岸服务外包转移大趋势，形成全国服务外包合理布局

中国离岸服务外包目前发展以 21 个服务外包示范城市为主，其中，东部地区利用区位优势、语言相通、人员信息交流频繁等优势，逐渐在成熟的离岸 ITO 发展基础之上，朝离岸 BPO 和离岸 KPO 等价值链高端业务发展。但是，受到商务成本高、人力成本逐渐上升的影响，东部地区服务外包的利润空间受到压缩。同时，由于全球市场缓慢复苏，离岸服务外包业务增幅回落。同时，中西部地区的产业基础相较东部地区来说不够成熟，独立发展高附加值的离岸 BPO 和离岸 KPO 业务存在不足条件。相比东部的人才资源，中西部地区的人才供应量并未见劣势，但作为内陆地区，对外开放度和对外交流度远不及东北部地区。因此，应当将中国的离岸服务外包作为一个整体来进行合理布局，发挥不同地区各自的优势，逐步形成东部地区进行离岸服务外包承接，中西部进行外包合同执行的格局，进一步让各个地区的优势得以凸显并形成互补，实现中国离岸服务外包的再度飞跃。

三、关于中国离岸服务外包政策结构的政策建议

以上结论对于中国的服务外包政策选择有着明显的政策含义。对于中国来说，作为长期处于贸易顺差，但金融市场体制改革尚未完成的大国，则可以谨慎选择独立货币政策，同时稳健实施浮动汇率制和逐步有序地放开资本流动，将会极大地促进离岸服务外包收入的增长。

（一）保持货币政策独立性，开拓中小企业融资渠道

中国作为亚洲新兴市场国家的重要成员，其资本市场具有典型特征，即以传统的信贷措施为主要融资手段，而债券市场和证券市场相对而言尚不规范，因此银行贷款仍然是资本市场资金的重要来源。中国的金融市场品种少，债券市场功能尚不够发达，无法像发达国家那样充分发挥利率传导机制的作用，因此在能够独立制定货币政策的前提下，需要更多的货币政策工具诸如宏观审慎管理工具与利率政策配套执行，以达到促进离岸服务外包等贸易出口的目的。由此可见，中国保持独立的货币政策，能够根据服务外包等产业的发展需要来设定适当的利率和提供充足贷款，对中国服务外包企业，尤其是中小服务外包企业来说具有极其重要的意义。

作为中国离岸服务外包企业融资的主要来源，中国各政策性银行及商业银行应当积极发挥自身渠道优势，不断开发与离岸服务外包业务相关的创新金融产品，如高新技术产品（含软件产品）出口卖方信贷、境外投资贷款、技术装备进口信贷、进出口租赁贷款、出口基地建设贷款、出口企业固定资产投资贷款、特别融资账户业务以及联合融资、银团贷款和项目融资等。还应当鼓励地区政府与银行等金融机构联合，加强政府对中小离岸服务外包企业的担保支持力度，发挥各大银行在国际结算、结售汇、贸易融资、对外担保等中间业务、国际经济合作及金融创新产品方面的综合优势，为服务外包基地城市、示范园区建设单位和服务外包企业提供一揽子综合金融服务，满足服务外包基地城市、示范园区建设单位和服务外包企业的多元化融资需求。

（二）稳健实施浮动汇率制

与开放度高的国家相比，中国目前外汇传导体系尚未全面发挥作

用，原因就是中国资本市场是逐步开放的。随着离岸服务外包业务的开展，企业收汇时的汇率波动风险将越来越凸显。离岸服务外包业务要取得大力发展，需要灵活便捷的外汇管理体系，尤其需要有灵活的汇率制度来降低汇率波动风险。因此，中国因时制宜，坚持实施浮动汇率制将极大促进离岸服务外包业务的拓展。

（三）审慎地、逐步有序地放开资本流动管制

很长一段时间，人民币采取盯住美元的汇率政策，但由于海外与中国的资本市场隔离，美元贬值的消极作用并没有传导过来，对国内金融市场具有保护作用。但是，随着人民币国际化进程的发展，却不能做到持续开放资本市场，人民币将延续对外升值与对内贬值的情况。但中国作为全球第一大新兴市场国家，有着良好的宏观经济基本面，经济保持快速发展，在 2008 年全球金融危机之前，美国量化宽松货币政策导致的低利率使得全球范围内的热钱大量涌入，造成了通货膨胀压力，同时也给中国经济带来了波动风险，在中国尚未搭建起成熟有效的债券市场等资本市场时，盲目放开资本流动管制不仅不能提高中国服务外包收入，反而将其暴露在全球热钱流动的风险敞口中。因此，中国政府不能盲从印度模式，而应当对资本完全流动放开持审慎态度，逐步有序地放开金融市场，通过全球资本市场化配置手段，扭转人民币价值高估的状态，才能够真正促进离岸服务外包业务的发展。

（四）建立和健全离岸服务外包业务的扶持政策体系

（1）加强落实《消费者权益保护法》《反垄断法》《反不正当竞争法》《全国人大委员会关于加强网络信息保护的决定》《规范互联网信息服务市场秩序若干规定》等法律法规在行业监管中的主导地位，并且不断探索新的行业管理法律法规，实现有法可依、依法监管。（2）建立联系各领域和业务部门的管理体制，发挥离岸服务外包管理、产品与服务质量监督、知识产权管理等主管部门的作用，结合国家规划布局内重点软件企业认定、计算机信息系统集成资质管理等工作，加强行业管理。（3）建立行业专业测评标准。重点针对软件质量、服务质量加强检测，加快制定行业安全标准，在纠纷产生时能够给予专业技术评判。同时还应当对突发事件制定应对预案，建立并完善事件处理机制和市场

规则，能做到对问题的及时发现、跟进、分析和解决。（4）跟踪和研究国外发达国家的经验，吸收相关经验和教训，形成相关的案例库，明确颁布惩罚条例，对矛盾制造者、恶意竞争者绝不姑息，营造产业发展的健康环境。

（五）将外汇储备规模控制在合理范围内，作为政策选择的缓冲器

作为长期处于贸易顺差，但金融市场体系尚不健全的大国，原本是必须在货币政策独立、汇率稳定与金融市场开放三大政策中选择其二，但是当中国外汇储备位于合理范围之内时，可以成为三大政策选择的缓冲器。由于金融市场开放对中国离岸服务外包发展具有显著正面影响，因此，一方面，如果中国选择金融市场开放和货币政策独立，则可以充分发挥外汇储备的蓄水池功能，通过反向操作外汇与本币的买卖来稳定汇率，另一方面，如果中国政府选择金融市场开放和固定汇率制，那么中国应当充分发挥巨额外汇储备连接国内资金信贷市场和外汇市场的作用，为中国人民银行提供短期内独立地制定货币政策的空间提供便利。

参考文献

［1］2013 Global Service Outsourcing Developments ［R］. Beijing：AP-CEO. 2013：1 – 158.

［2］Tholons. 2014 Tholons Top100 Outsourcing Destinations：Regional Overview ［R］. New York：Tholons. 2014：1 – 15.

［3］工业和信息化部软件服务业司. 2011 中国信息技术外包产业发展报告 ［R］. 北京，2011. 2.

［4］中国服务外包研究中心. 中国服务外包发展报告 2012 ［R］. 北京：中国商务出版社，2012.

［5］商务部发布 2012 年我国离岸服务外包情况 ［N/OL］. 中国外包网，2013. 2. 20. http：//www. chnsourcing. com. cn/.

［6］吕鸿，宦翔. 服务外包促进经济转型 ［N］. 人民日报，2013 – 07 – 26.

［7］中国服务外包研究中心. 中国服务外包发展报告 2010 ［R］. 北京：中国商务出版社，2010.

［8］国务院. 进一步鼓励软件产业和集成电路产业发展的若干政策（国发〔2011〕4 号文）［Z］. 2011 – 1 – 28.

［9］牛卫平. 国际外包陷阱产生机理及其跨越研究 ［J］. 中国工业经济，2012 （5）：109 – 121.

［10］詹晓宁，邢厚媛. 服务外包：发展趋势与承接战略 ［J］. 国际经济合作，2005 （4）：11 – 16.

［11］夏征农，陈至立. 辞海（第 6 版缩印本）［M］. 上海：上海辞书出版社，2010.

［12］张曙霄. 中国对外贸易结构论 ［M］. 北京：中国经济出版社，2003.

［13］蒋庚华. 中国服务贸易结构问题研究 ［D］. ［博士学位论文］. 长春：东北师范大学经济学院，2011.

［14］ Lacity M C, Hirschheim R A. Information systems outsourcing: Myths, metaphors, and realities ［M］. New York: Wiley. 1993. 1 – 366.

［15］ Melitz. The Impact of Trade ON Intra-industry Reallocations and Aggregate Industry Productivity. Economitrica. Vol. 71, No. 6（Nov., 2003）, pp. 1695 – 1725.

［16］ Furusawa, Inui, Ito, Heiwai Tang. Global Sourcing and Domestic Production Networks. NBER Working Paper. 2017.

［17］ Brown R, Holmes H. The use of a factor-analytic procedure for assessing the validity of an employee safety climate model ［J］. Accident Analysis & Prevention, 1986, 18（6）: 455 – 470.

［18］ Dicken P. Global shift: transforming the world economy ［M］. NewYork: Guilford Publications, 1998. 1 – 512.

［19］ 卢锋. 服务外包经济学分析: 产品内分工视角 ［M］. 北京: 北京大学出版社, 2007.

［20］ Corbett M. The Outsourcing Revolution . Why It Makes Sense and How to Do It Right ［M］. Dearborn. 2004. 1 – 407.

［21］ 魏后凯. 当前优化区域竞争中的几个理论误区 ［J］. 中州学刊, 2005（3）: 23 – 26.

［22］ Bell E, Malmberg RL. Analysis of a cDNA encoding arginine decarboxylase from oat reveals similarity to the Escherichia coli arginine decarboxylase and evidence of protein processing. Molecular and General Genetics, 1990, 224（3）: 431 – 436.

［23］ 魏后凯. 中国区域基础设施与制造业发展差异 ［J］. 管理世界, 2001（6）: 72 – 80.

［24］ Cooke, P. Introduction: origins of the concept. London: UCL.1998. 1 – 731.

［25］ 王缉慈. 地方产业群战略 ［J］. 中国工业经济, 2002（3）: 47 – 54.

［26］ Isaksen A. Building regional innovation systems: is endogenous industrial development possible in the global economy? ［J］. Canadian journal of regional science, 2001（1）: 101 – 120.

[27] 项俊波. 结构经济学——从结构视角看中国经济 [M]. 北京：中国人民大学出版社，2009.

[28] 林毅夫. 新结构经济学——重构发展经济学的框架 [J]. 经济学（季刊），2011.01.

[29] Coase R. The nature of the firm. economica, Vol. 4, No. 16, 1937.

[30] Bain J. S. Industrial Orgnization [M]. New York：Wiley. 1959.

[31] 刘跃，欧阳新琳. 透过 SCP 看中国电信产业 [J]. 产业经济，2011（3）：70 – 73.

[32] Prahalad C, Hamel G. The core competence of the corporation [M]. New York：Harvard Business Review，1990：1 – 16.

[33] Loh L., N. Venkatraman. Diffusion of Information Technology Outsourcing：Influence Sources and the Kodak Effect [J]. Information Systems Research December. 1992, 3（4）：334 – 358.

[34] Besanko, D., Dranove, D., & Shanley, M Economics of Strategy [M]. New York：Wiley. 1996.

[35] Elmuti D, Kathawala Y. The effects of global outsourcing strategies on participants' attitudes and organizational effectiveness [J]. International Journal of Manpower. 2000, 21（2）：112 – 128.

[36] Garaventa, E. and T. Tellefsen. Outsourcing：the hidden costs [J]. Review of Business. 2001, 22（1）：28 – 31.

[37] Franceschini, A., Braito, V., M. Persic et al. An XMM – Newton hard X-ray survey of ultraluminous infrared galaxies [J]. Monthly Notices of the Royal Astronomical Society. 2003, 8, 343（4）：1181 – 1194.

[38] Khalfan, A. & A. Alshawaf IS/IT outsourcing in the public health sector in Kuwait [J]. Logistics Information Management. 2003, 16：215 – 228.

[39] 杨圣明. 关于服务外包问题 [J]. 中国社会科学院研究生院学报，2006（6）：23 – 28.

[40] 卢锋. 服务外包经济学分析：产品内分工视角 [M]. 北京：北京大学出版社，2007.

[41] 服务外包市场研究报告——中国与全球 2008 年 [R]. Accen-

ture. 2008.

[42] Goo, J., Huang, C. D. Facilitating relational governance through service level agreements in IT outsourcing: An application of the commitment-trust theory [J]. Decision Support Systems. 2008, 46 (1): 216 – 232.

[43] Miozzo M, Grimshaw D. Service multinationals and forward linkages with client firms: the case of IT outsourcing in Argentina and Brazil [J]. International Business Review, 2008, 17 (1): 8 – 27.

[44] Mcivor, R., Humphreys, P., Mckittrick, A., Wall, T. Performance management and the outsourcing process: Lessons from a financial services organization [J]. International Journal of Operations and Production Management. 2009, 29 (10): 1025 – 1048.

[45] Gewald, H., Dibbern, J. Risks and benefits of business process outsourcing: A study of transaction services in the German banking industry [J]. Information and Management. 2009, 46 (4): 249 – 257.

[46] Macinati, M. S. Outsourcing in the Italian National Health Service: Findings from a national survey [J]. International Journal of Health Planning and Management. 2008, 23 (1): 21 – 36.

[47] Ren, Z. J., Zhou, Y. -P. Call center outsourcing: Coordinating staffing level and service quality [J]. Management Science. 2008, 54 (2): 369 – 383.

[48] Ordanini, A., G. Silvestri. Recruitment and selection services: Efficiency and competitive reasons in the outsourcing of HR practices [J]. International Journal of Human Resource Management. 2008, 19 (2): 372 – 391.

[49] Gospel, H., M. Sako. The unbundling of corporate functions: The evolution of shared services and outsourcing in human resource management [J]. Industrial and Corporate Change. 2010, 19 (5): 1367 – 1396.

[50] 2010 服务外包研究报告 [R]. 万盟并购集团, 2011.

[51] Currie, W. L., Michell, V., Abanishe, O. Knowledge process outsourcing in financial services: The vendor perspective [J]. European

Management Journal. 2008, 26 (2): 94 – 104.

[52] 中国电子信息产业发展研究院, 赛迪顾问股份有限公司. 中国城市服务外包发展研究 [R]. 北京, 2010. 5.

[53] 喻春娇. 武汉市吸引服务外包的竞争力分析——基于武汉市与10个服务外包基地城市的比较研究 [J]. 湖北经济学院学报, 2009, 7 (3): 67 – 72.

[54] 黄哲雨. 长沙市的服务外包竞争力分析 [D]. 湘潭: 湘潭大学, 2010

[55] 林康. 江苏加快发展国际服务外包的对策研究 [J]. 世界经济与政治论坛, 2007 (3): 53 – 55.

[56] Cockburn I. , Henderson R. Absorptive capacity, co-authoring behavior, and the organization of research in drug discovery [J]. Journal of industrial Economics. 1998 (46): 157 – 181.

[57] Wallsten J. Do governament industry R&D program increase private R&D: the case of the small business innovation research program [R]. Department of Economics, Stanford University, 1999.

[58] David P. , Hall B. , Toole A. Is public R&D a complement or substitute for private R&D? a review of the economitric evidence [J]. Research policy. 2000, 29 (4): 497 – 529.

[59] Dinopoulos E. , Syropoulos C. Rent protection as a barrier to innovation and growth [J]. Economic Theory. 2007, 32 (2): 309 – 332.

[60] 安同良, 周绍东, 皮建才. R&D 补贴对中国企业自主创新的激励效应 [J]. 经济研究, 2009 (10): 87 – 98.

[61] 姚凤民, 余可. 促进技术研发服务外包的财税政策选择——基于科技中小企业的经验证据 [J]. 广东财经大学学报, 2015 (4): 84 – 92.

[62] 刘树桢, 郭聪. 对中国软件和信息服务外包业税收政策的思考 [J]. 涉外税务, 2011 (4): 20 – 24.

[63] 李香菊, 叶薇. 促进我国服务外包业发展的税收政策研究 [J]. 西安交通大学学报 (社会科学版), 2012 (3): 7 – 12.

[64] 贾峭羽. 完善中国服务外包税收政策的建议 [J]. 税务研究, 2013 (6): 2 – 84.

[65] 赵书博, 邸璇. 促进我国服务外包业发展的税收政策建议 [J]. 涉外税务, 2011 (4): 16 - 19.

[66] 程有娥. 基于教育云平台的 IT 服务外包人才培养模式改革的研究与实践 [J]. 中国教育信息化, 2013 (8): 10 - 12.

[67] 于丽娟, 薛万欣, 张士玉, 王晓红, 祁梅. BPO 服务外包人才培养模式研究 [J]. 科技管理研究, 2011 (9): 44 - 147.

[68] 周华丽, 鲍泓. "知识生产模式 II" 视角下的服务外包人才培养——以国家级服务外包人才培养模式创新实验区为例 [J]. 中国高教研究, 2015 (3): 78 - 81.

[69] 陈军亚. 承接国际服务外包的影响因素分析——兼论中国的承接能力 [J]. 华中示范大学学报 (人文社会科学版), 2009 (11): 58 - 64.

[70] 艾民, 侯志翔. 西安服务外包竞争力实证研究——基于 16 个服务外包基地城市的比较分析 [J]. 经济问题, 2010 (8): 119 - 122.

[71] 于立新, 陈昭, 江皎. 中国服务外包产业竞争力研究——基于部分试点城市的分析 [J]. 财贸经济, 2010 (9): 87 - 92.

[72] 沈鹏熠. 中国企业承接离岸服务外包关键成功因素实证研究 [J]. 国际经贸探索, 2013 (1): 25 - 34.

[73] 朱福林, 夏杰长, 胡艳君. 我国生产性离岸服务外包竞争力影响因素的实证研究 [J]. 国际商务, 2015 (3): 86 - 93.

[74] 裘莹, 张曙霄. 新兴市场国家离岸服务外包政策有效性的实证研究 [J]. 国际经贸探索, 2014 (7): 59 - 73.

[75] 谭力文, 田毕飞. 美日欧跨国公司离岸服务外包模式的比较研究及启示 [J]. 中国软科学, 2006 (5): 128 - 134.

[76] 黄明, 董长宏, 梁旭. 基于对日服务外包的复合型软件人才培养模式研究——以大连交通大学 "日语 + 软件工程" 培养模式为例 [J]. 高等教育研究, 2010, 27 (3): 89 - 91.

[77] 中国服务外包研究中心. 2010 中国服务外包发展报告 [R]. 北京: 中国商务出版社, 2011.

[78] Aundhe, M. D., Mathew, S. K. Risks in offshore IT outsourcing: A service provider perspective [J]. European Management Jour-

nal. 2009, 27 (6): 418 - 428.

[79] Bharadwaj, S. S., Saxena, K. B. C. Building winning relationships in business process outsourcing services [J]. Industrial Management and Data Systems. 2009, 109 (7): 993 - 1011.

[80] 赵楠. 印度发展服务外包模式探析 [J]. 当代亚太, 2007 (3): 39 - 43.

[81] 宋晓东. 中国吸引国际服务外包的竞争条件分析——基于对印度的国际比较 [J]. 生产力研究, 2009 (2): 114 - 116.

[82] 唐宜红, 陈非凡. 承接离岸服务外包的国别环境分析——以印度、墨西哥和东欧为例 [J]. 国际经济合作, 2007 (4): 18 - 27.

[83] 王哲, 武亚兰. 印度和爱尔兰服务外包发展模式比较研究及其对中国的启示 [J]. 时代经贸, 2008, 8 (6): 76 - 77.

[84] 陈菲. 服务外包动因机制分析及发展趋势预测——美国服务外包的验证 [J]. 中国工业经济, 2005 (6): 67 - 73.

[85] 彭一峰. 跨国公司服务外包的发展趋势与中国对策分析 [J]. 科技和产业, 2006 (2): 56 - 59.

[86] 苏卉, 孟宪忠. 代工关系稳定性的影响因素研究 [J]. 理论探索, 2007 (1): 103 - 107.

[87] 杨丹辉. 中国成为"世界工厂"的国际影响 [J]. 中国工业经济, 2005 (9): 77 - 81.

[88] 吴解生. 代工企业的多客户服务与依附性弱化——部分基于台湾宝成工业的相关经验 [J]. 企业经济, 2010 (1): 67 - 71.

[89] 于强. 离岸外包风险基金建立的外部条件及其管理初探 [J]. 现代财经, 2010 (3): 33 - 40.

[90] 卢锋. 中国承接国际服务外包问题研究 [J]. 经济研究, 2007 (9): 49 - 61.

[91] 杨志琴, 祖强. 离岸服务外包: 新开放观下中国提升国际分工地位的有效途径 [J]. 世界经济研究, 2007 (11): 3 - 6.

[92] 王晓红. 中国承接国际设计服务外包的技术外溢效应研究——基于中国 80 家设计公司承接国际服务外包的实证分析 [J]. 财贸经济, 2008 (8): 84 - 89.

[93] 聂平香. 中国发展服务外包的路径选择和战略取向 [J]. 国际经

济合作，2007（7）：9-13.

[94] 褚博洋.中国发展服务外包的战略选择［J］.合作经济与科技，2009（2）上：80-82.

[95] 王伶俐.全球金融危机下的服务外包：驱动力、趋势与中国的战略选择［J］.中国行政管理，2009（3）：17-20.

[96] 杨志芳，朱亚萍.西部中心城市服务外包发展战略研究——以资源共享为先导的西安服务外包发展对策分析［J］.生产力研究，2009（4）：95-98.

[97] 易志高，潘镇.全球服务外包发展新趋势及特征——兼论江苏服务外包战略选择［J］.现代经济探讨，2001，11（9）：46-50.

[98] Dyer, J., Effective interfirm collaboration: how firms minimize transaction costs and maximize transaction value［J］. Strategic Management Journal. 1997. 8, 18（7）：535-556.

[99] Masten, S., J. Meehan, E. Snyder. The costs of organization［J］. Journal of Law, Economics & Organization. 1991（7）：1-25.

[100] Takeishi, A., Knowledge partitioning in the interfirm division of labor: the case of automotive product development［J］. Organization Science. 2002. 13（3）：321-338.

[101] Lisa M. Ellram L., Tate W., Billington C Offshore outsourcing of professional services: A transaction cost economics perspective［J］. Journal of Operations Management. 2008. 26：148-163.

[102] 梁建英，李垣，廖貅武.信号成本与服务外包供应商信号传递关系的博弈模型［J］.中国管理科学，2007，2，15（1）：99-105.

[103] 刘征驰，易学文，周堂.引入公众评价的公共服务外包质量控制研究——基于双重契约的视角［J］.软科学，2012，3，26（3）：78-85.

[104] 明燕飞，谭水平.公共服务外包中委托代理关系链面临的风险及其防范［J］.财经理论与实践，2012，3，33（176）：104-107.

[105] 张瑞丽，刘剑.2014年中国软件产业发展形势展望［N/OL］.中国服务外包网，2013.12.24 http://chinasourcing. mofcom. gov. cn/c/2013-12-24/163775. shtml.

[106] 赛迪顾问.中国云计算产业发展白皮书（2011版）［R］.赛迪

顾问有限公司，2011.

[107] 郁德强，王燕妮，李华. 一种基于云计算的服务外包模式：云外包 [J]. 情报理论与实践，2012 (8).

[108] 崔玲，俞兰. 服务外包新的助力器——云计算 [N/OL]. 中国服务外包网，2013 - 01 - 24，http：//www. chnsourcing. com. cn/outsourcing-news/article/50476. html.

[109] 鼎韬咨询. 服务在云端——"云外包"概念白皮书 [R]. 天津：鼎韬咨询有限公司，2011.

[110] 工业和信息化部软件服务业司. 2012 中国信息技术外包产业发展报告 [R]. 国家软件公共服务平台，2012 - 09 - 05.

[111] UNIDO. Industrial Development Report：Competingthrough Innovation and Learning [R]. 2002.

[112] Humphrey, J. and H. Schmitz. , How does insertion in global value chains affect upgrading in industrial clusters? Regional Studies, Vol. 36, No. 9, 2002.

[113] 邓春平，徐登峰. 基于全球价值链的服务外包升级路径分析 [J]. 国际经济合作，2010 (9)：55 - 60.

[114] Infosys 推出首个统一混合云环境企业网关 [N/OL]. 中电网，2012 - 08 - 09，http：//www. eepw. com. cn/article/135569. htm.

[115] Gregor G. Gartner Analytics Trends：Providing Insight Into the Future of Cloud Computing. Report G00247645 of Gartner Inc, Vol. 5, 2013.

[116] 肯尼斯·W，克拉克森，罗杰勒·鲁瓦·米勒，杨龙，罗靖译. 产业组织：理论、证据和公共政策 [M]. 上海：上海三联书店，1989.

[117] 丹尼斯·卡尔顿·杰弗里·佩罗夫，黄亚钧，谢联胜，林利军译. 现代产业组织 [M]. 上海：上海人民出版社，1997.

[118] 李海舰，魏恒. 新型产业组织分析范式构建研究——从 SCP 到 DIM [R]. 中国工业经济，2007 (7)：29 - 39.

[119] 夏大慰，罗云辉. 中国经济过度竞争的原因及治理 [J]. 中国工业经济，2001 (11)：30 - 39.

[120] Scott W. Bauguess, Sara B. Moeller, Frederik P. Schlingemann and Chad J. Zutter. Ownership structure and target returns [J]. Journal

of Corporate Finance. 2009, 2 (15): 48 – 65.

[121] 陈军才. 主成分与因子分析中指标同趋势化方法探讨 [J]. 统计理论与方法, 2005 (2): 19 – 23.

[122] 中国服务外包研究中心. 中国服务外包发展报告 2012 [R]. 北京: 中国商务出版社. 2012.

[123] 去年长三角地区 GDP 近 10 万亿元 [N]. 期货日报, 2014 – 02 – 14.

[124] 2013 年 1~12 月上海市服务外包合同完成情况 [N/OL]. 上海市服务外包信息平台, 2014 – 01 – 22. http: //www. saso. net. cn/ zxzxzx/500. jhtml.

[125] 上海欲打造 "金融谷" [N/OL]. 新华网, 2013 – 09 – 02. http: //news. xinhuanet. com/2013 – 09/02/c_ 117184138. htm

[126] 南京市 2012 年服务外包发展情况 [N/OL]. 中国服务外包研究中心, 2013 – 05 – 28. http: //coi. mofcom. gov. cn/article/y/qyyq/ 201305/20130500143465. shtml.

[127] 美欧日成 2012 年杭州离岸服务外包三大国际市场 [N/OL]. 中国新闻网, 2013 – 07 – 02. http: //money. 163. com/13/0702/23/ 92QJDP3N00254TI5. html.

[128] 2013 年 1~10 月宁波服务外包简讯 [N/OL]. 浙江省商务厅政务网, 2013 – 11 – 29. http: //www. zcom. gov. cn/art/2013/11/ 29/art_ 886_ 64109. html.

[129] 毕马威中国. 龙的腾飞——中国服务外包城市巡览 [R]. 北京: 毕马威, 2009.

[130] 刘勇. 深圳已成为全球重要的服务外包企业聚集地 [N]. 商务部驻深圳特派员办事处, 2013. 5. 30. http: //www. mof- com. gov. cn/article/resume/n/201305/20130500145669. shtml.

[131] 广州市 2012 年服务外包发展情况 [N/OL]. 中国商务部网站, 2013 – 03 – 31. http: //coi. mofcom. gov. cn/article/y/qyyq/201305/ 20130500143465. shtml.

[132] 2013 年 1~9 月北京市离岸服务外包超 29 亿美元 [N/OL]. 中商情报网, 2013 – 10 – 16. http: //www. askci. com/news/201310/ 16/16135530130792. shtml.

[133] 大连服务外包继续保持较快增长 [N/OL]. 大连市对外经济贸易合作局服务贸易处, 2014 – 02 – 26. http：//www. dalian-gov. net/GalaxyPortal/cms/ArticleServlet? article ID = 16690.

[134] 吉林省 2012 年服务外包发展迅速 [N]. 商务部驻大连特派员办事处, 2013 – 02 – 26.

[135] 济南市全力打造服务外包示范城市 [N/OL]. 山东省国际投资促进中心, 2009 – 02 – 15. http：//www. shandongbusiness. gov. cn/public/touzicujin/article. php? aid = 60919&ul =

[136] 青岛市商务局. 关于 2013 年 1 ~ 10 月份青岛市服务外包发展情况的通报（青商服贸字〔2013〕24 号）[S]. 2013 – 11 – 12.

[137] 毕马威中国. 龙的腾飞——中国服务外包城市巡览 [R]. 北京：毕马威. 2011.

[138] 张茜. 武汉上半年软件业务收入中部第一 [N]. 湖北日报, 2013 – 08 – 09.

[139] 江西省去年服务外包收获 10 亿美元, 增长 32.6% [N/OL]. 中国江西网信息日报, 2014 – 01 – 27. http：//jiangxi. jxnews. com. cn/system/2014/01/27/012925302. shtml.

[140] 刘怡斌. 2013 年服务外包持续快速增长, 执行金额达 92 亿元 [N/OL]. 中国服务外包网, 2014 – 01 – 15. http：//chinasourcing. mofcom. gov. cn

[141] 马千双. 中国西部声谷服务外包园正式开工 [N/OL]. 中国服务外包网, 2013 – 09 – 24. http：//chinasourcing. mofcom. gov. cn/c/2013 – 09 – 24/157609. shtml.

[142] 成都服务外包将走进国际大都市 [N]. 金融投资报, 2013 – 09 – 18.

[143] 西安服务外包发展彰显优势 [N]. 陕西日报, 2013 – 08 – 21.

[144] Cooke, P. Regional innovation systems：competitive regulation in the new Europe [J]. Geoforum. 1992, 23：365 – 382.

[145] Breschi, S., Lissoni F. Localised knowledge spillovers vs. innovative milieux：Knowledge "tacitness" reconsidered [J]. Papers in Regional Science, 2001, 80 (3)：255 – 273.

[146] Ivanova I., Loet Leydesdorff L. Rotational symmetry and the transfor-

mation of innovation systems in a Triple Helix of university – industry – government relations [J]. Technological Forecasting and Social Change, 2013 (19): 344 – 356.

[147] 曾鸿志, 黄思明. 区域创新系统的复杂网络度分布研究——以广东省为例 [J]. 江西社会科学, 2012 (12): 70 – 79.

[148] David, A., Hall, H., Tool, A., Is Public R&D a Complement or Substitute for Private R&D? A Review of the Econometric Evidence [J]. Research Policy, 2000 (29): 234 – 256.

[149] 刘和东. 区域创新溢出效应的实证研究——基于超越知识生产函数的动态面板模型分析 [J]. 科学学研究, 2011 (7): 56 – 61.

[150] 胡浩民, 李思思, 向安强. 科技创新体系的多元联合互动逻辑温氏集团科技创新发展的三重螺旋模型理论分析 [J]. 科技管理研究, 2011 (3): 37 – 45.

[151] 任志安, 王立平. 知识生产函数研究的演进与发展 [J]. 经济理论与经济管理, 2006 (6): 22 – 27.

[152] Jaffe, A., Real Affects of Academic Research [J]. American Economics Review, 1986 (79): 226 – 251.

[153] 郑旭, 尉桂华, 葛继平. 政产学研协同创新软件服务外包公共服务平台路径研究 [J]. 科技管理研究, 2012 (19): 59 – 64.

[154] 郭效中. 区域创新系统主体间协同模式的实证分析——北京、江苏和广东三省市的比较研究 [J]. 科技管理研究, 2012 (15): 46 – 51.

[155] 喻春娇. 武汉市吸引服务外包的竞争力分析——基于武汉市与10个服务外包基地城市的比较研究 [J]. 湖北经济学院学报, 2009, 5, 7 (3): 67 – 72.

[156] 林康. 江苏加快发展国际服务外包的对策研究 [J]. 世界经济与政治论坛, 2007 (3): 53 – 55.

[157] 方一兵, 范旭. 基于区域创新系统的高校与企业之间知识互动关系的实证研究 [J]. 研究与发展管理, 2008 (1): 67 – 70.

[158] 姜彤彤, 武德昆. 基于 Malmquist 指数的高等学校科技创新全要素生产率研究 [J]. 中国科技论坛, 2012 (5): 51 – 58.

[159] 官建成, 余进. 基于 DEA 的国家创新能力分析 [J]. 研究与发

展管理，2005（3）：35 – 41.

[160] 孙辉，支大林，李宏瑾. 基于生产函数法的省际全要素生产率估算：1990～2008［J］. 南方金融，2010（5）：57 – 63.

[161] Fare, R., Norris, G., Zhang, Z., Productivity growth, technical progress, and efficiency changes in industrialized countries. American Economic Review. 1994（9）：153 – 178.

[162] Griliches, Z., Issues in Assessing the Contribution of R&D to Productivity Growth. Journal of Economics. 1979，10：92 – 116.

[163] 傅利平，王向华，王明海. 我国区域创新系统中高校主体功能有效性实证研究［J］. 情报杂志，2012，31（3）：192 – 197.

[164] 国务院办公厅. 国务院办公厅关于促进服务外包产业发展问题的复函（国办函〔2009〕9 号）［S］. 2009 – 01 – 22.

[165] 财政部、国家税务总局、商务部、科技部关于在苏州工业园区进行鼓励技术先进型服务企业发展试点工作有关政策问题的通知［S］. 2006 – 12 – 31.

[166] 天津市人民政府. 天津市促进服务外包发展的若干意见［S］. 2007 – 02 – 26.

[167] 湖南省人民政府. 湖南省人民政府关于加快发展服务外包产业的意见［S］. 2008 – 07 – 25.

[168] 哈尔滨市人民政府. 哈尔滨市促进服务外包产业发展的若干政策［S］. 2007 – 07 – 06.

[169] 重庆市人民政府. 关于加快我市软件及信息服务外包产业发展的暂行规定［S］. 2007 – 05 – 08.

[170] 四川省人民政府. 四川省人民政府关于加快发展服务外包产业的意见［S］. 2007 – 06 – 16.

[171] 安徽省人民政府办公厅. 安徽省人民政府办公厅关于促进服务外包产业发展的意见［S］. 2009 – 03 – 18.

[172] 济南市人民政府. 济南市人民政府关于促进服务外包产业发展的意见. 2007 – 07 – 30.

[173] 中华人民共和国商务部. 商务部关于促进我国服务外包发展状况的报告［S］. 2008 – 04 – 10.

[174] 商务部、科技部办公厅关于服务外包基地城市及相关公共技术

服务机构申报中小企业公共技术服务机构补助资金项目有关事宜的通知 [S]. 2007 – 07 – 24.

[175] 成都市人民政府. 成都市人民政府关于促进成都服务外包发展的若干意见 [S]. 2007 – 06 – 25.

[176] 长沙市人民政府. 长沙市人民政府关于加快发展服务外包产业的若干意见 [S]. 2009 – 01 – 16.

[177] 南京市人民政府. 市政府关于印发推进南京市国际服务外包产业发展的若干政策的通知 [S]. 2008 – 09 – 23.

[178] 杭州市人民政府办公厅. 杭州市人民政府办公厅关于促进杭州市服务外包产业发展的若干意见 [S]. 2007 – 06 – 22.

[179] 广州市人民政府办公厅. 转发市外经贸局关于加快我市服务外包发展意见的通知 [S]. 2008 – 03 – 31.

[180] 南昌市人民政府. 南昌市人民政府关于印发南昌市推进服务外包产业发展的若干政策的通知 [S]. 2009 – 08 – 25.

[181] 天津市商务委员会. 天津市财政局关于落实我市促进服务外包发展若干意见的实施办法 [S]. 2008 – 01 – 31.

[182] 武汉发展服务外包工作领导小组. 武汉市促进服务外包产业发展暂行规定 [S]. 2009 – 07 – 16.

[183] 大连市人民政府. 大连市进一步促进软件和服务外包产业发展的若干规定 [S]. 2008 – 11 – 21.

[184] 中华人民共和国商务部. 商务部、国家开发银行支持中国服务外包基地城市及服务外包企业发展合作意向书 [S]. 2007 – 09 – 11.

[185] 中华人民共和国商务部. 商务部、中国出口信用保险公司支持中国服务外包产业发展全面合作协议 [S]. 2007 – 09 – 11.

[186] 中共大连市委. 大连市人民政府关于加快软件和服务外包产业发展的意见 [S]. 2008 – 06 – 23.

[187] 广州市人民政府. 广州市人民政府印发广州市进一步扶持软件和动漫产业发展的若干规定的通知 [S]. 2006 – 10 – 31.

[188] 苏州市人民政府. 苏州市人民政府印发关于促进服务外包发展的若干意见的通知 [S]. 2007 – 09 – 10.

[189] 重庆市人民政府. 重庆市人民政府关于促进服务外包产业发展的

意见 [S]. 2008 – 02 – 04.

[190] 国家发展和改革委员会, 商务部. 外商投资产业指导目录 (2007 年修订) [S]. 2007 – 10 – 31.

[191] 北京市商务委员会. 北京市促进服务外包发展的政策措施 [S]. 2009 – 04 – 01.

[192] 大庆市人民政府. 大庆市促进服务外包产业发展暂行办法 [S]. 2007 – 06 – 01.

[193] 陕西省商务厅. 西安市软件和服务外包产业发展专项资金管理暂行办法 [S]. 2012 – 09 – 24.

[194] Krugman P. R. The Return of Depression on Economics [M]. USA: W. W. Norton & Company. 2000

[195] 周晴. 三元悖论原则: 理论与实证研究 [M]. 北京: 中国金融出版社, 2008.

[196] Daly, K. Does exchange rate volatility impede the volume of Japan's bilateral trade? [J]. Japan and the World Economy. 1998 (10): 333 – 348.

[197] 罗纳德·麦金农, 刘钊. 美国量化宽松货币政策的后果: 热钱流入、商品价格周期和中美金融抑制 [J]. New Finance, 2013 (4): 4 – 8.

[198] Coulibaly B. 新兴市场经济体的货币政策: 金融危机后的反思 [J]. New Finance. 2012 (6): 4 – 10.

[199] 邹璇. 当前中国通货膨胀压力成因与治理——外汇储备和产能角度下的分析 [J]. 当代经济科学, 2010 (4): 29 – 35.

[200] 谈世中. 中国金融开放的战略抉择 [M]. 北京: 社会科学文献出版社, 2002.

[201] Easterly W, Islam R and Stiglitz J. Shaken and Stirred: Explaining Growth Volatility [C]. Annual World Bank Conference on Development Economics. 2001.

[202] Aizenman J. and Chinn M. D., Hiro Ito. Assessing The Emerging Global Financial Architecture: Measuring The Trilemma's Configurations Over Time [J]. NBER Working Paper Series 14533, 2008 (12): 1 – 72.

［203］ 郑重. 新兴市场国货币政策规则研究——基于开放经济的金融加速器模型 ［J］. 当代财经，2011（10）：65 – 72.

［204］ Wurgler, J. Financial Markets and the Allocation of Capital ［J］. Journal of Financial Economics. 2000（58）：187 – 214.

［205］ Aizenman J. , Chinn M. D. and Ito H. Surfing the Waves of Globalization：Asia and Financial Globalization in the Context of the Trilemma ［J］. Nber Working Paper No. 15876. 2010.

［206］ 侯敬雯. 印度服务外包对外政策变迁的影响及启示 ［J］. 现代管理科学，2012（6）：11 – 113.

［207］ 刘金全，刘志刚. 中国经济周期波动中实际产出波动性的动态模式与成因分析 ［J］. 经济研究，2005（3）：26 – 35.

［208］ 吕延方，赵进文. 中国承接服务外包影响因素分析——基于多国面板数据的实证检验 ［J］. 财贸经济，2010（7）：89 – 97.

［209］ Shambaugh, C. The Effects of Fixed Exchange Rates on Monetary Policy ［J］. Quarterly Journal of Economics. 2004，119（2）：301 – 352.

［210］ Chinn, D. and H. Ito. What Matters for Financial Development? Capital Controls, Institutions, and Interactions ［J］. Journal of Development Economics. 2006，81（1）：163 – 192.

［211］ Chinn, D. and H. Ito. A New Measure of Financial Openness ［J］. Journal of Comparative Policy Analysis. 2008，10（3）：309 – 322.

［212］ Hansen B. E. Threshold e！ects in non-dynamic panels：Estimation, testing, and inference ［J］. Journal of Econometrics. 1999（93）：345 – 368.

［213］ Svensson L. 危机后的货币政策选择 ［M］. New Finance. 2012（2）：4 – 8.